❺ 侠义礼节

张爷爷讲史记故事

张大可 著
周晓鸥 绘

中国书店

唐·王维（传）《稷神山图》

目录

卷首语 仓廪实而知礼节 001

货殖故事（五则）

逐利求富人之所欲 002
天下富者皆称陶朱公 011
智仁勇强是商贾 016
吕不韦投资奇货可居 023
刺绣文不如倚市门 033

治生故事（六则）

后稷遭弃终不死 044
本末俱利越称霸 050
西门豹治邺 058
天子不能具钧驷 069
汉文帝重农躬耕籍田 081
游敖嬉戏如小儿状 086

节俭故事（四则）

晏子节俭重于齐 095
萧何传家不治产 102
宣曲任氏巨富俭约 108
公孙弘素食布被 112

侠义故事（四则）

渔父谢绝百金剑　122

聂政仗剑杀侠累　129

季布一诺重百金　141

贯高忠义名闻天下　144

报恩故事（六则）

食马人报恩救穆公　156

桑下饿人救赵盾　161

大恩大德不言谢　170

苏秦遍报有恩者　174

冯驩报主折券市义　178

从史报恩纵袁盎　186

淑女故事（六则）

重耳两贤妻　193

晏平仲御者之妻　203

赵括母上书谏赵王　206

陈婴母深明大义　213

张负慧眼识陈平　217

王陵母自杀激儿志　222

才女故事（五则）

太史敫女自择婿　228

卓文君夜奔　234

巴寡妇清富惊秦始皇　249

薄太后谦和得福　255

窦太后宫廷认弟　263

滑稽故事（四则）

大鸟冲天一鸣惊人　274

贵马岂能得人才　284

优旃大呼陛楯郎　290

漆城荡荡寇不能上　295

仓廪实而知礼节

本辑编选四十则故事，分为货殖、治生、节俭、侠义、报恩、淑女、才女、滑稽等八组，展现古代社会各色人物的活动，反映人际生活的方方面面，鉴往知今，陶冶情操，亦备消闲，以助谈资。

《管子》曰："仓廪实而知礼节，衣食足而知荣辱。"司马迁发挥说："礼生于有而废于无。故君子富，好行其德……人富而仁义附焉。"秦末战乱，天子不能具钧驷，人相食，何来礼义？汉文帝躬耕籍田，劝农兴业，民殷国富；六七十老翁，游敖嬉戏如小儿状，一片和乐，返老还童；苏秦发迹，遍报有恩者。这些就是君子富，好行其德，人富而仁义附，国富而社会安乐。武帝征伐，府库空虚，官职耗乱。上下争利，社会又陷入了混乱。由此可见，社会安定，道德发展，经济是基础，治国者应放手人民生产，鼓励人民治生，至于工商货殖，也要因势利导，不应遏制。

本辑故事以货殖居首，在发展商品经济的今天，重温古人的货殖观念，十分有趣。货殖就是资本增值，今日叫投资，古人称货殖。货殖是怎样产生的呢？司马迁写了一篇《货殖列传》，作了那个时代的理论探讨。本书凝缩为一句话，叫作"逐利求富人之所欲"，作为开篇故事，介绍古人的认识。《货殖列传》开篇论证人性发展之势、人俗变迁之理，就是人生有欲。耳朵喜欢听悦耳的声音，眼睛喜欢看悦目的色彩，嘴巴喜欢吃可口的滋味，身体喜欢安适，心头喜欢荣耀。

一句话，人性欲财，有财能适欲，这是与生俱来、不学而能的共性。所谓欲望，就是人体感官对物质利益的追求，这是活生生的存在，不需争辩的事实。司马迁循此考察，他说，神农以前的事我不知道，但《诗》《书》记载以来的历史，人们就是这个样子，而且欲望越来越刺激，任何清心寡欲的理论，进行挨家挨户的说教都是徒劳的。

司马迁的前辈，战国时代百家争鸣，诸子发起人性大辩论，企图在性善性恶中求得解答。各家各派都把欲望归之为人性，而且都视之为洪水猛兽，采用不同的主张挞伐人欲。道家主张绝圣弃智，即灭欲，老子说："罪莫大于可欲。"（《老子·第四十六章》）。法家主张用刑赏制欲。儒家主张用礼义节欲。孔子教育学生的口头禅就是"君子喻于义，小人喻于利"（《论语·里仁》）。孟子倡导养心节欲，他说："养心莫善于寡欲。"（《孟子·尽心下》）总之，诸子百家莫不承认人人有欲，但都主张遏制欲望，统治阶级要维护其剥削利益，从而视人的欲望为洪水猛兽。西汉统治阶级鉴于秦末农民战争的风暴，更是不遗余力地大造舆论，挞伐人欲。例如贾谊就说："其慈子嗜利，不同禽兽者亡几耳。"（《汉书·贾谊传》）。司马迁的老师董仲舒替统治阶级完成了一套防范人欲的理论，提出用三纲五常的道德礼教来陶冶人欲。他说：

夫万民之从利也，如水之走下，不以教化堤防之，不能止也。是故教化立而奸邪皆止者，其堤防完也；教化废而奸邪并出，刑罚不能胜者，其堤防坏也。古之王者明于此，是故南面而治天下，莫不以教化为大务。（《汉书·董仲舒传》）

司马迁在统治阶级提倡礼义堤防遏制人欲的时代，不同凡俗地自成一格，奏出了透视人欲的异响，认为逐利求富是人所共有的天性，不是什么邪恶。社会生产的发展，恰是人欲的推动。山林川泽的开发，商贾周流，就是满足人们的生活需求，于是推进了社会分工，农工商虞，各业发展起来。农工商虞的分工越发达，则财富越增殖，民富而国强。本末俱利，越国称霸。勾践报吴，靠的就是生产发展，实业兴国。司马迁不仅肯定人欲，而且探求人欲是动力，不应遏制而要引导，这就是他不同凡响的独到见识。

　　司马迁对古代商品经济带来的社会生态，观察细致入微。吕不韦投资奇货可居，可以说是中国历史上第一例钱权交易，吕不韦运作得那样从容不迫，机智权变，玩弄一国之君于掌上，达到个人的目的，到头来竹篮打水一场空，最后落得悲剧下场。吕不韦的投机，是成功的榜样，还是修身的鉴戒，无法断然说清，剪不断，理还乱。吕不韦离我们那样久远，蓦然回首，仿佛就在今天，就在身边。

　　人间社会有许多温暖，许多情趣，许多智慧。西门豹治邺的故事，晏子节俭的故事，萧何治家的态度，渔夫不图报的侠义，贯高的忠义，食马人与从史的报恩，淑女才女的故事，滑稽幽默的侏儒，这些故事，以及故事中的人物，构成了古代的多彩世界，连接起来是一幅五彩缤纷的生活画卷。它不在遥远的古代，而就在你的身边。这些故事闪射的智慧火花，烙下的道德印记，在你欣赏评说中，我们深信将会给你潜移默化的力量。历史知识是启蒙的老师，前人的业绩榜样，不只是你修身的参照，它使你开阔眼界，解放思想，你将会在评说历史故事中汲取智慧火花。历史给你独立思考的力量和源泉，不妨试试看。

▲ 清·袁耀《邗江胜览图》

货殖故事

五则

逐利求富人之所欲

这篇故事介绍中国古代西汉时期杰出的思想家司马迁的金钱观,在今天商品经济大潮中重温哲人的教诲,不无意义。

司马迁生活的时代重农抑商,提倡礼义节欲。当时的统治者认为商人唯利是图,赚了钱,盘剥农人,引导人们放弃农耕,是社会的大害。战国时韩非称工商之民为国家蛀虫之一,要实行专政。汉朝建立,规定商人不得穿绸缎好衣,不得坐马拉轿车,不能做官,还须加倍交纳人头税,首先应征从事徭役义务。司马迁认为工商之民,智仁勇强,他们流通货物,满足人民的欲望,发展了生产,不害于政,不妨百姓,为什么要压制他们呢?司马迁认为农工商虞的社会分工都是人们的衣食之源,人要富,国要强,农工商虞并重,广开生产之源。这是明显的道理,也是社会发展的趋势,任何人不能阻挡。司马迁没有在此停步,他从人性根本立论,认为人的耳、目、口、鼻、舌五官表现对物质欲望的追求是社会发展之势、人俗变迁之理,任何清心寡欲的妙论都不能改变的。人性欲财,不分贵贱,天子王侯与庶民百姓都一样,所以无论生产增财,还是工商赚钱,都是自然的,天经地义的,这无须政教来发动。人们趋之若鹜,如同水之归下一样,孜孜以求,这难道不是天生本性的证明吗?

逐利求富,既是人之所欲,天生的共性,它就不是邪恶。司马迁引用俗谚说:"天下熙熙,皆为利来;天下攘攘,皆为利往。"他用那支犀利

▲ 清·佚名《历代帝王圣贤名臣大儒遗像·司马迁》

的笔,饱蘸浓墨,淋漓酣畅地描绘了一幅社会的逐利图。"深谋于廊庙,论议朝廷"的达官贵人,"守信死节,隐居岩穴"的清雅之士,为的都是"归于富厚"。具有讽刺意味的是"廉吏久,久吏富"。至于"陷阵却敌"的军士,"攻剽椎埋"的少年,"走死如鹜"的侠士,"不择老少"的歌伎,"饰冠剑,连车骑"的游闲公子,"不避猛兽"的猎者,"博戏驰逐"的赌徒,"舞文弄法"的吏士,以及医、农、工、商等百工之人,无不是为了追求财富而忙忙碌碌。在司马迁笔下,凡社会之人,不分贵贱,无论千乘之王,万家之侯,百室之君,还是匹夫编户之民,统统纳入了求利的轨道,彻底打破了当时儒家宣扬的纲常名分和君子小人的界限,追求财富就是人的共性。"此有知尽能索耳,终不余力而让财矣。"所以司马迁用"富

司马迁重视商道

者人之情性，所不学而俱欲者也。"这句话对人性做了总结。

　　司马迁如果仅仅指出人性欲财，那就算不上是一种经济理论，也没有超出先秦诸子前辈思想家的水平。司马迁的杰出成就，就是他跨出了人性之争的思辨哲学，而进入生产领域做实地考察，不仅是看到社会人群逐利，而且更洞察了"人各任其能，竭其力，以得所欲"的自然之理，如本故事前面所述，人欲是动力，是人欲对物质的需求，推动了社会分工，推动了社会进步。总之，生产领域中的农工商虞的分工，流通领域中的物价波动，是在人欲的推动下自然形成，符合于"道"的规律而运动。恩格斯说："自阶级对立产生以来，正是人们的恶劣的情欲——贪欲、权势，成了历史发展的杠杆，关于这方面，例如封建制度和资产阶级的历史就是一个独一无二的持续不断的证明。"（《马克思恩格斯选集》第四卷）司马迁的思想境界已经靠近了这一理论的高度。

货殖列传

太史公曰：夫神农以前[1]，吾不知已[2]。至若《诗》《书》所述虞夏以来，耳目欲极声色之好，口欲穷刍豢之味[3]，身安逸乐，而心夸矜势能之荣[4]。使俗之渐民久矣[5]，虽户说以眇论，终不能化。

太史公说：神农以前的情况，我说不上。至于像《诗经》《尚书》里所讲的，从虞舜、夏朝以来，人们总是爱听悦耳的声音，爱看悦目的颜色，爱尝各种禽兽家畜的肉味，身体安于舒适的环境，而内心以权势显赫为荣。这样的风气影响民心，已经很久了，虽然挨家挨户用清心寡欲的妙论去劝导，也始终不能改变。

夫山西饶材、竹、榖、纑、旄、玉石[6]；山东多鱼、盐、漆、丝、声色[7]；江南出楠、梓、姜、桂、金、锡、

华山以西富有木材、竹子、榖木、苎麻、旄牛和玉石；太行山以东盛产鱼、盐、漆、丝和音乐、女色；江南出产楠木、梓木、生姜、木樨、金、锡、铅矿石、丹砂、犀牛角、玳瑁、

---

1 神农：即炎帝，传说的上古帝王，他教民种庄稼，故称神农氏。
2 已：通"矣"。
3 刍豢（chúhuàn）：刍，干草，代指吃草的牲畜，如牛、羊。豢，豢养，代指吃粮食的家畜，如猪、狗。
4 夸矜：夸耀。势能：权势，能力。
5 渐：浸染，影响。
6 山西：与山东相对，指华山以西地区，包括关陇及巴、蜀。饶：丰饶，盛产。榖（gǔ）：木名，即楮木。纑（lú）：苎麻，可用以织布。旄（máo）：牦牛，尾上长毛可做舞蹈的道具和旌旗的装饰，是贵重的商品。
7 声色：音乐和女色。

连、丹沙、犀、瑇瑁、珠玑、齿革[1]；龙门、碣石北多马、
<small>珠玑、兽牙、皮革；龙门山、碣石山以北盛产马、牛、羊、毛毡、毛皮、兽筋、兽角；铜铁则</small>
牛、羊、旃裘、筋角；铜、铁则千里往往山出棋置[2]。此
<small>在相距千里的山间星罗棋布。这就是物产分布的大略情况。这些都是中原人民所喜好，即老百</small>
其大较也[3]。皆中国人民所喜好，谣俗被服饮食奉生送死
<small>姓通常衣食、养生、送死所需要的东西。所以，田地靠农民耕作来供给食物，山泽靠虞人开采，</small>
之具也[4]。故待农而食之，虞而出之[5]，工而成之，商而通
<small>器物靠工匠制造，货物靠商人流通。这哪里用得着发布政令、征召调遣和规定时间聚会呢？各</small>
之。此宁有政教发征期会哉[6]？人各任其能，竭其力，以
<small>行各业的人可以各自发挥自己的才能，竭尽自己的力量，来满足自己的欲望。所以货物价格贱</small>
得所欲。故物贱之征贵，贵之征贱，各劝其业，乐其
<small>到极点就要转化为贵，贵到极点就要转化为贱，各自努力精通自己的业务，乐于从事自己的工作，</small>
事，若水之趋下，日夜无休时，不召而自来，不求而民
<small>就像水往低处流一样，日日夜夜不停息，不用召唤，人民自己来了，不用追求，人民把所需都</small>
出之。岂非道之所符，而自然之验邪？
<small>生产出来了。这难道不是既符合规律，又合乎自然发展的证明吗？</small>

---

1 江南：长江以南广大地区。楠：名贵树木。桂：即木樨，珍贵的芳香植物。连：铅矿。丹沙：即丹砂，俗称朱砂，红色颜料。犀：犀牛角。瑇瑁（dàimào）：一种海龟，其甲很美，可做装饰品及药用。珠玑：珍珠，圆者称珠，不圆者为玑。齿革：象牙及皮革。
2 棋置：如棋子之散布。
3 大较：大略，大概。
4 谣俗：风俗。具：器用。
5 虞：古代掌山泽之官，这里指从事渔猎、林木、采矿等事业的人。
6 政教：政令与教化。发征期会：指向民间宣传征调，规定时间聚会。

《周书》曰:"农不出则乏其食,工不出则乏其事[1],商不出
<small>《周书》说:"农民不耕种,粮食就缺乏;工匠不生产,器物就短缺;商人不做生意,吃的、</small>
则三宝绝[2],虞不出则财匮少。"财匮少而山泽不辟矣[3]。此四者,
<small>用的和钱财就会断绝;虞人不开发山泽,财物就匮乏。"这四个方面,都是人民穿衣吃饭的源泉。</small>
民所衣食之原也[4]。原大则饶[5],原小则鲜[6]。上则富国,下则富家,
<small>源泉大就富裕,源泉小就贫乏。源泉大了,上可以富国,下可以富家。有的贫困,有的富裕,</small>
贫富之道,莫之夺予,而巧者有余,拙者不足……故曰:"天
<small>没有人能够改变,而聪明的人钱财总是感到有余,愚笨的人经济总是感到拮据。所以说:"天</small>
下熙熙,皆为利来;天下攘攘,皆为利往。"夫千乘之王,万
<small>下的人,熙熙攘攘,都是为利而来,为利而往。"有千辆兵车的国君,有万家封地的诸侯,</small>
家之侯,百室之君,尚犹患贫,而况匹夫编户之民乎[7]?
<small>有百室封邑的大夫,尚且还要担心贫穷,何况编入户籍的一般老百姓呢?</small>

由此观之,贤人深谋于廊庙[8],论议朝廷,守信死节隐
<small>由此看来,贤人在朝廷上出谋划策,忠义之士及隐居深山之士为自己树立声誉,</small>
居岩穴之士设为名高者安归乎?归于富厚也。是以廉吏
<small>最终为了什么呢?是为了财富。因此,为官清廉就能做官长久,时间长久就更加富</small>
久,久更富。廉贾归富。富者,人之情性,所不学而俱
<small>有。商人赢利少点,但买卖公道,也能致富。求富是人的本性,不用学习就会去追</small>

---

1. 事:指百工制作的器物。
2. 三宝:有多种说法,这里指农工虞之生产物,即食、事、财。
3. 财匮:财物匮乏。财,资源。匮(kuì),缺乏。辟:开辟,开发。
4. 原:同"源",来源。
5. 饶:财富丰足。
6. 鲜:少。
7. 编户:指齐民,即编入户籍的百姓。
8. 廊庙:庙堂,指朝廷。

欲者也。故壮士在军，攻城先登，陷阵却敌，斩将搴旗[1]，
求。所以壮士在军中，攻城先登，陷阵退敌，斩将拔旗，冒着箭射石击，赴汤蹈火，
前蒙矢石[2]，不避汤火之难者，为重赏使也。其在闾巷少
是重赏的驱使呀。那些乡里的少年，杀人灭尸，抢劫作奸，挖坟盗墓，私铸钱币，
年，攻剽椎埋，劫人作奸，掘冢铸币，任侠并兼[3]，借交报
任意妄为，强占财物，借助同伙以报私仇，在偏僻地方拦路抢劫，不顾法律禁令，
仇，篡逐幽隐[4]，不避法禁，走死地如骛者[5]，其实皆为财用
像马一样往死路上狂奔，其实都是为了财利呀。如今赵国、郑国的女子，梳妆打扮，
耳。今夫赵女郑姬，设形容[6]，揳鸣琴[7]，揄长袂，蹑利屣，
弹奏琴瑟，拖曳长袖起舞，着轻便舞鞋，目送秋波，用心招引，出外不远千里，不
目挑心招，出不远千里，不择老少者，奔富厚也。游闲
择年长年少，图的是荣华富贵。游手好闲的公子，戴冠佩剑，装饰讲究，外出车马成排，
公子，饰冠剑，连车骑，亦为富贵容也。弋射渔猎[8]，犯晨
这是为了炫耀富贵。猎人渔夫起早摸黑，冒着霜雪，奔波在深坑山谷，不顾猛兽伤
夜[9]，冒霜雪，驰坑谷，不避猛兽之害，为得味也。博戏
害，为的是获得野味。驱逐赌场，斗鸡玩狗之徒，互相争吵，自我夸耀，必争胜利，

---

1 搴：拔取。
2 蒙：冒犯，承受。
3 并兼：强占他人财物。
4 篡逐幽隐：在偏僻地方拦路抢劫。
5 骛：马狂奔。
6 设形容：梳妆打扮。
7 揳：通"戛"，弹奏。
8 弋射：用带绳的箭射鸟。
9 犯晨夜：起早摸黑。

驰[1]，斗鸡走狗，作色相矜[2]，必争胜者，重失负也[3]。医方诸

是因为看重输赢。医生方士靠技术谋生的人，劳神过度，竭尽其能，是为了得到上

食技术之人[4]，焦神极能，为重糈也[5]。吏士舞文弄法，刻章伪

等的精米。官府吏士舞文弄法，私刻公章，伪造文书，不怕砍头之罪，这是他们沉

书，不避刀锯之诛者，没于赂遗也[6]。农工商贾畜长，固求富

醉于贿赂之中呀。农、工、商、贾储蓄增值，原本就是为了追求富贵和财货。如此

益货也。此有知尽能索耳[7]，终不余力而让财矣。

用尽智能，终究都不会留有余力，而把财富让给别人的。

1 博戏：赌博。
2 作色：变脸争吵。相矜：夸示本领。
3 重失负也：害怕丢人负输。
4 医方：医生与方士。
5 糈：上等精米。
6 没：沉醉于。
7 索：尽。

天下富者皆称陶朱公

范蠡原是楚国宛（今河南省南阳市）人，与文种都是楚国将领。楚灵王为了打击吴国，就派范蠡和文种到越国去辅佐越王。范蠡是政治家，文种是经济家。文种帮助越国发展生产，特别是工商业，使越国富强。范蠡

陶朱公生财有道

帮助越王治国理政，经营外交。经过近二十年的努力，越王勾践打败了吴王，灭了吴国，称霸诸侯。越王封赏范蠡、文种以高官厚禄，但范蠡功成身退，运用文种之策经营起商业来，成为富翁；而文种贪恋权位，结果被越王杀害了。

范蠡离开越国，隐姓埋名到了齐国，亲自在海边开荒种地，运用农业生产丰歉规律，果然发家致富。他自称鸱夷子皮，意思为酒囊饭袋。可是这个自称只会吃饭的发家了，名声传到齐王耳朵里，齐王派人拿了相印，要范蠡去做齐国卿相，治理齐国。范蠡长声叹息说："久处高位不是一件好事情。我这离了越国的政治圈子，怎么能到齐国做官呢？"于是他分散了家财，周济亲戚和邻里，然后带着全家迁居到陶。陶，又称定陶（在今山东省菏泽市定陶区西北）。当时陶是天下的交通枢纽，四通齐、楚、燕、赵。他自称朱公，人称陶朱公。范蠡利用陶的交通便利，做起了商业生意，运用供求关系，买贱卖贵，十九年之间，三次发了大财，有了钱就分散给乡亲贫民。陶朱公知人善任，生意越做越红火。他多次分财与人，而积累的财富却越来越多，成了亿万富翁。

▲ 北宋·李公麟（传）《吴中三贤图卷·范蠡》

越王勾践世家·范蠡

范蠡事越王勾践,既苦身戮力,与勾践深谋二十余年,竟灭吴,报会稽之耻,北渡兵于淮以临齐、晋,号令中国,以尊周室,勾践以霸,而范蠡称上将军。还反国,范蠡以为大名之下,难以久居,且勾践为人可与同患,难与处安,为书辞勾践曰:"臣闻主忧臣劳,主辱臣死。昔者君王辱于会稽,所以不死,为此事也。今既以雪耻,臣请从会稽之诛。"勾践曰:"孤将与子分国而有之。不然,将加诛于子。"范蠡曰:"君行令,臣行意。"乃装其轻宝珠玉,自与其私徒属乘舟浮海以行[1],终不反。于是

范蠡辅佐越王勾践,历经千辛万苦,与勾践殚精竭虑奋斗了二十多年,终于灭掉吴国,报了当年被困于会稽山的深仇大恨;又率兵北上渡过淮河,压倒了齐、晋等国,对中原诸侯发号施令,以尊崇周天子为名,使勾践成了天下霸主,范蠡自己也做了越国的上将军。等到胜利返回越国以后,范蠡感觉到自己处在名声太大的情况下,是很难长久平安无事的;况且勾践这个人,只可同患难,难于同享乐,于是就写了封信向勾践告辞说:"我听说主上如果有忧患,作臣子的应该不辞劳苦为主上排忧解难;如果主上蒙受了耻辱,作臣子的应该不惜牺牲。从前您在会稽山受困,我所以没有立即去死,是为了夺取今天的胜利。如今既然已经报仇雪恨,我请求以死来弥补会稽山那次没死的缺憾!"勾践说:"我正要把越国分一半给你共同享福,如果你拒不听命,我将严厉惩罚你。"范蠡说:"为君的下达你的命令,为臣的却要实践自己的意志。"于是他收拾好那些轻便易带的金珠玉器,私自与亲信仆从乘船出海一去

---

[1] 私徒属:私人部曲。

勾践表会稽山以为范蠡奉邑。
不返了。因此勾践划出会稽周围三百里地，作为范蠡的俸禄邑。

范蠡浮海出齐，变姓名，自谓鸱夷子皮，耕于海畔，苦
范蠡漂洋过海到了齐国后，就改名换姓，自称是鸱夷子皮，在海边耕田劳动，非常辛苦
身戮力，父子治产。居无几何，致产数十万。齐人闻其贤，
和努力，父子共创家业。没有过太长的时间，就积累了数十万家产。齐国人听说他能干，就想
以为相[1]。范蠡喟然叹曰："居家则致千金，居官则至卿相，
让他做宰相。范蠡感慨万端地说："治家能积累千金，做官能位到卿相，这是一个平民的极限了。
此布衣之极也。久受尊名，不祥。"乃归相印，尽散其财，
长久享受这种荣誉，是不吉祥的。"于是就送还了宰相印，又把全部家产都分散给亲戚朋友和
以分与知友乡党[2]，而怀其重宝，间行以去，止于陶，以为此
乡亲们，只带上部分贵重的财物，神不知鬼不觉地离开了当地，来到定陶居住，他认为定陶是
天下之中，交易有无之路通，为生可以致富矣[3]。于是自谓
天下的中心，是贸易往来的集散地，在这里做生意可以发财致富。于是就自称陶朱公，又重新
陶朱公。复约要父子耕畜，废居[4]，候时转物，逐什一之利。
约束家人耕田放牧，买进卖出，等候时机转卖货物，以追求十分之一的利润。过了不久，又发
居无何，则致赀累巨万。天下称陶朱公。
了大财，资产累致巨万。陶朱公的名声因此传遍天下。

1　以为相：据《韩非子》载，鸱夷子皮曾事田成子陈常。
2　乡党：桑梓、乡里。
3　为生：治生。
4　废居：贱买进囤积曰居，贵卖出曰废。

智仁勇强是商贾

春秋战国时列国争雄，各国为了富国强兵，实行开放政策，对内改革，发展经济，对外招揽人才，来去自由。在这一背景下，战国时各国经济都有很大的发展，特别是工商业发展迅速，市场十分活跃，出现了国际性的大商人。例如秦相国吕不韦，原来就是一个往来列国的大商人，僮仆有一万多人。

工商业发展，带来两极分化，俗话说："农不如工，工不如商，刺绣文，不如倚市门。"工商业夺走了许多农业人口，赚了钱的工商之民又兼并农业。于是战国中期，逐渐产生了重本抑末的思想倾向。商鞅变法，在秦国奖励耕战，打击商贾，重本抑末成了国策。商人要加倍纳税，商人不得做官，商人首当其冲服徭役。在这一背景下，主张本末俱利，农业、工商业兼顾发展的政治家、思想家，鼓励工商之民，认为他们不害于政，不影响老百姓，开发了经济，丰富了人民的生活，值得歌颂，称他们是智仁勇强兼备的人才。智慧、仁德、勇敢、刚强，不是一般人所能具备的，只有商人才具有这些素质，他们是最聪明的。《史记·货殖列传》备载了从古至今，在当时就是从春秋战国到秦汉，三十个大商人成功的事迹，说明商人具有智仁勇强的品质，可以与古代的大政治家、军事家、改革家，如商朝的伊尹、周朝的吕尚、春秋时吴国的孙子、战国时魏国的吴起和秦国的商鞅相提并论。这些话就是战国时大商人白圭说的。白圭善于理财，他是魏文侯时洛阳人。魏国李悝（kuī）变法，实行尽地力之教的土地改革，每户分田一百亩，实行征税，取十分之一。鼓励农民生产，多收多得，魏国富强。白圭则乐观时变，"人弃我取，人取我予"，就是把握机遇，掌握市场瞬息万变的规律进行商业买卖，当人们都贱视某种商品的时候，应该大量买进；当人们争相抢购某种商品的时候，大量抛出。做到贱买贵卖，使货币增值。丰收之年谷贱，多收购，卖出丝漆；蚕茧丰收，大量买进，卖出粮食。掌握自然界的丰歉规律，就能预测市场上的供求关系，了解价格涨落。想增产，买进好的谷种；想多赚钱，买进价低而为大众欢迎的粮

白圭以兵法入商

元·朱玉《太平风会图》局部

食。捕捉市场信息，该出手时就出手，买进卖出，就像猛兽扑食、猛禽捕鸟一样迅速，毫不懈怠，毫不留情。经商如同政治斗争，又如同打仗一样，所以不具备智仁勇强的人成不了好商人。白圭就是这样一个人。

白圭是个大商人，但生活十分简朴，不讲穿戴，不讲美食，与办事的僮仆同甘共苦，人人效力，办事就没有不成功的。后世经商的人，供奉白圭为"商圣"。

货殖列传·白圭

白圭，周人也[1]。当魏文侯时，李克务尽地力，而白圭
<small>白圭是周人。魏文侯在位时，李克致力于开发土地资源时，而白圭却喜欢观察市场行情和</small>

乐观时变，故人弃我取，人取我与。夫岁孰取谷，予之丝
<small>年景的变化，故而他采取人弃我取、人取我与的经营之道。当谷物成熟时，他买进粮食，出售丝、漆；</small>

漆[2]；茧出取帛絮[3]，予之食。太阴在卯[4]，穰；明岁衰恶。至
<small>蚕茧结成时，他买进锦帛绵絮，出售粮食。太岁在卯位，则五谷丰登；转年歉收。太岁行至午位，</small>

午，旱；明岁美。至酉，穰；明岁衰恶。至子，大旱；明
<small>则发生旱灾；明年年景会好。太岁行至酉位，则又丰收；转年年景变坏。太岁行子位，则天下大旱；</small>

岁美，有水。至卯，积著率岁倍[5]。欲长钱，取下谷；长石
<small>第二年年景会很好，雨水会多。太岁复至卯位时，他的积累货物比常年增加一倍，要增加钱财的</small>

斗，取上种[6]。能薄饮食，忍嗜欲，节衣服，与用事僮仆同
<small>收入，他便收购下等的谷物；要增长谷子石斗的容量，他就收购上等的谷物。他淡薄饮食，控制</small>

---

1 周人：洛阳人。
2 取：买进。予：卖出。
3 茧出：蚕茧上市。
4 太阴在卯：太阴，即太岁星。古人将黄道附近的一周天分为十二等分，由东向西划为十二等分，配以子、丑、寅、卯、辰、巳、午、未、申、酉、戌、亥十二地支。太岁由东向西运行。每年经过一个等分，十二年绕一周，周而复始。此为太岁纪年法。太岁运行在卯的空间，这一年叫太阴在卯。
5 积著率：利润率。
6 上种：良种。

苦乐，趋时若猛兽挚鸟之发。故曰："吾治生产，犹伊尹、
嗜欲，节省穿戴，与劳动的奴仆同甘共苦，抓住赚钱的时机就像猛兽猛禽取食那样迅捷。因此他说：
吕尚之谋，孙、吴用兵[1]，商鞅行法是也。是故其智不足与
"我经营产业，就像伊尹、吕尚筹划谋略，孙子、吴起用兵，商鞅推行变法那样。所以如果一个
权变，勇不足以决断，仁不能以取予，强不能有所守，虽
人的智慧不足以随机应变，勇气不足以果敢决断，仁德不能正确取舍，强健不能有所坚守，虽然
欲学吾术，终不告之矣。"盖天下言治生祖白圭。白圭其有
想要学习我的经营之术，我终究不会告诉他的。"天下人论说赚钱生财之道都效法白圭。白圭大
所试矣，能试有所长，非苟而已也。
概是有所尝试吧，而且又有所成就，并非随随便便就能成就的。

---

1 孙、吴：孙武、吴起。

吕不韦投资奇货可居

吕不韦是战国末期在韩国阳翟（今河南省禹州市）经商的大商人，后来弃商从政，成为秦朝创建的一个大政治家。吕不韦从经商到投资政治，创造了古代史上第一例权钱交易，而且是一个成功的范例。

事出偶然而奇巧。秦昭王四十年（前267年），太子嬴悼在魏国为质，不幸死亡，两年后第二个儿子安国君（嬴柱）被立为太子。安国君有二十多个儿子，可他偏偏喜欢不生孩子的华阳夫人，立她为正妃，这样一来，安国君就没了嫡子。安国君儿子中有一个叫子楚的人，是夏姬所生，夏姬无宠，子楚就被派到赵国去做人质。由于秦国连年攻赵，子楚在赵处境危险，生活贫困，有时性命难保。

吕不韦做生意到了赵国，发现了这一情况，他高兴得不得了。他认为子楚是一件奇货，可以囤居。"奇货可居"，这个成语典故就出自这里。

吕不韦进见子楚，说："我能光大你的门庭，让你发迹。"子楚说："你们商人只是赚钱，还是光大自己的门庭吧，哪有工夫来光大我的门庭。"吕不韦说："王子有所不知，先要你的门庭光大，才能借助你的门庭光大我的门庭。"接着吕不韦说出了他的计划。吕不韦要在子楚身上下赌注：一是供给子楚钱财，让他结交列国使者，打点赵王左右，提高身价，谋取自身安全；二是通过吕不韦到秦国经商，多购珍奇玩物送给安国君华阳夫人，过继子楚为养子，通过华阳夫人立为嫡子，将来不就掌握秦国政权了吗？子楚听了这个计划非常高兴。子楚说："计划实现了，我把秦国的一半封给你。"

事不宜迟，吕不韦带重金入秦，经华阳夫人姐姐的安排，吕不韦见到了华阳夫人。吕不韦说："子楚非常聪明，在诸侯中很有声誉，但他在敌国做质子，处境艰难，只有华阳夫人才能解救。子楚日夜哭思华阳夫人和父亲。"华阳夫人见子楚这样有孝心，十分高兴。

接着吕不韦对华阳夫人说："女人靠青春美色侍奉男人，年老色衰，爱就松弛。母以子贵，华阳夫人从长远考虑，何不把子楚过继为儿子，解救子楚的危困，还怕子楚今后不报恩吗？这样一来，夫人有了儿子，今后也有了着落，岂不两全其美？"华阳夫人听了这话，如梦初醒，非常赞同。于是华阳夫人向安国君哭求，安国君只好答应了过继子楚给华阳夫人为嗣子。

吕不韦回到赵国，又加了一道双保险。之前吕不韦在赵国养了一个年轻貌美的情人，史失其名，称为赵姬。赵姬已有了身孕，吕不韦把她献给了子楚。公元前258年，赵姬在赵国生下儿子，因正月所生，故取名政，这就是后来的秦始皇。据说，秦始皇是吕不韦的私生子。

秦昭王五十六年（前251年）病死，太子安国君即位，华阳夫人为王后。子楚被立为太子，这一年赵国把子楚及其子嬴政送回秦国。

安国君为秦王，一年后死去，子楚即位，这就是庄襄王。庄襄王元年，吕不韦为丞相——他的政治投资获得了丰收。

吕不韦做了秦相，也效法战国公子养士，有食客三千人。他让食客总结战国学术，写成《吕氏春秋》，还悬赏千金征求意见。这件企图统一学术的工作，表现了吕不韦支持秦王统一六国的政治倾向。庄襄王三年

吕不韦献赵姬给子楚

后死了,秦王政继立。吕不韦又与赵姬续上前情,秦王年幼,秦国大政掌握在吕不韦之手。当然,吕不韦辅佐秦王,在统一六国中也做出了不少贡献。

吕不韦携重金拜会华阳夫人(明内府彩绘本《春秋五霸七雄通俗演义列国志传》插图)

吕不韦列传

吕不韦者，阳翟大贾人也。往来贩贱卖贵，家累千金。
吕不韦，是在阳翟经商的大商人。他往来各地，低价买进，高价卖出，积累的家产有千金之多。
秦昭王四十年，太子死[1]。其四十二年，以其次子安国君为太
秦昭王四十年，太子死了。秦昭王四十二年（前265年），把第二子安国君立为太子。
子[2]。安国君有子二十余人。安国君有所甚爱姬，立以为正夫人，
安国君有二十多个儿子。可是安国君的爱姬华阳夫人，被立为正夫人，她却没有生儿子。
号曰华阳夫人[3]，华阳夫人无子。安国君中男名子楚[4]，子楚母曰夏
安国君的儿子中有个排行中间的儿子叫子楚，子楚的母亲叫夏姬，不受宠爱。子楚在赵
姬，毋爱。子楚为秦质子于赵。秦数攻赵，赵不甚礼子楚。
国作为秦国的人质。秦国多次进攻赵国，因此赵国对待子楚不大友好礼貌。

子楚，秦诸庶孽孙，质于诸侯，车乘进用不饶，居处困[5]，
对于秦昭王，子楚是庶出的孙子，因此他在赵国做人质，供给的车马及生活财物都不富
不得意。吕不韦贾邯郸，见而怜之，曰："此奇货可居[6]。"乃
足，生活困苦，很不得意。吕不韦在邯郸贩卖货物，发现了子楚，既同情，又高兴地说："这
往见子楚，说曰："吾能大子之门。"子楚笑曰："且自大君
是一件奇异货物，可以囤居。"于是进见子楚，说："我能光大你的门庭，让你发迹。"子楚

---

1 太子死：指秦昭王太子死于魏，在公元前267年。
2 安国君：名柱，后为孝文王。
3 华阳夫人：史失其姓，封邑称。华阳，在今陕西省商洛市商州区境。
4 子楚：后为庄襄王。
5 居处困：生活贫困。
6 可居：可以囤居。

吕不韦投资奇货可居

之门，而乃大吾门！"吕不韦曰："子不知也，吾门待子门而
_{笑着说："你们商人还是先光大你自己的门庭吧，何来工夫光大我的门庭！"吕不韦说："你}

大。"子楚心知所谓，乃引与坐，深语[1]。吕不韦曰："秦王老
_{不懂，我的门庭要依靠你的门庭才能光大。"子楚心中明白了吕不韦的意图，就请他坐下来密}

矣，安国君得为太子。窃闻安国君爱幸华阳夫人，华阳夫人
_{谋深谈。吕不韦说："秦王老了，你父亲安国君得立为太子。我个人听说安国君宠爱华阳夫人，}

无子，能立嫡嗣者独华阳夫人耳。今子兄弟二十余人，子又
_{华阳夫人没有生儿子，你们兄弟能得到立为继承人的只有依靠华阳夫人。你们兄弟有二十多人，}

居中，不甚见幸[2]，久质诸侯。即大王薨，安国君立为王，则
_{你又居中，不受宠爱，长久地在诸侯中为人质。如果老秦王逝世，安国君自然继位为秦王，那}

子毋几得与长子及诸子旦暮在前者争为太子矣[3]。"子楚曰：
_{时你也没有希望与长兄以及日夜陪侍在秦王身边的兄弟去争太子之位。"子楚说："是这样。}

"然。为之奈何？"吕不韦曰："子贫，客于此，非有以奉献
_{可有什么办法来改变呢？"吕不韦说："你本来就贫困，又客居在赵国，拿不出东西奉献给双}

于亲及结宾客也。不韦虽贫，请以千金为子西游，事安国君
_{亲，也无力结交宾客。我吕不韦虽然不富裕，请允许我拿出一千金为你做一次向西的旅行，孝}

及华阳夫人，立子为嫡嗣。"子楚乃顿首曰："必如君策，请
_{敬安国君和华阳夫人，立你为太子。"子楚感激地叩头说："如果真的实现了你的计划，我愿}

得分秦国与君共之。"
_{意分一半秦国给你共享。"}

  吕不韦乃以五百金与子楚，为进用，结宾客；而复以
_{吕不韦立即拿出五百金与子楚，作为他的生活费用，结交宾客；而后又拿出五百金购}

---

1 深语：密语深谋。
2 不甚见幸：很不受宠。
3 毋几：无望。

五百金买奇物玩好，自奉而西游秦，求见华阳夫人姊，而皆
买珍奇玩物，并且亲自带着礼物西入秦都，求见华阳夫人的姐姐，请她把全部礼品奉献给华

以其物献华阳夫人。因言子楚贤智，结诸侯宾客遍天下，常
阳夫人。顺势谈起子楚的贤能和智慧，结交诸侯宾客遍天下，时常说："我子楚终身的依靠

曰："楚也以夫人为天，日夜泣思太子及夫人。"夫人大喜。
是华阳夫人，我把她看得像天一样，日夜哭泣思念太子和夫人。"华阳夫人听了非常高兴。

不韦因使其姊说夫人曰："吾闻之，以色事人者，色衰而爱
吕不韦进一步通过华阳夫人的姐姐游说夫人，说："我听说，用美色来侍奉别人的，一旦容

弛。今夫人事太子，甚爱而无子，不以此时早自结于诸子中
貌衰老，恩爱就淡薄了。如今夫人侍奉太子，深受宠爱但没儿子，不趁着现在早一点从太子

贤孝者，举立以为嫡而子之，夫在则重尊，夫百岁之后，所
的儿子中找一个贤孝的作为养子，举荐他为嫡传继承人，那么丈夫在世时你更会受尊重，丈

子者为王，终不失势，此所谓一言而万世之利也。不以繁华
夫百岁后，你的养子就是秦王，最终也不会失势，这叫作说一句话就能得到万世的利益。不

时树木，即色衰爱弛后，虽欲开一语，尚可得乎？今子楚贤，
趁荣华时培植根本，等到容貌衰老而恩爱淡薄时，到那时想说话，还能有机会吗？现今子楚

而自知中男也，次不得为嫡，其母又不得幸，自附夫人，夫
贤能，自己知道排行在中间，依次轮不到为嗣，他的母亲又不得宠，所以自己来依附夫人，

人诚以此时拔以为嫡，夫人则竟世有宠于秦矣。"华阳夫人以
夫人真能在这时提携他为继承人，那么夫人一辈子都会在秦国受到尊崇了。"华阳夫人认为

为然，承太子间，从容言子楚质于赵者绝贤，来往者皆称誉
说得对，找了一个侍奉太子的机会，尽情而委婉地说在赵国人质的子楚很贤能，来往的人都

之。乃因涕泣曰："妾幸得充后宫，不幸无子，愿得子楚立以
称赞他。说着说着华阳夫人抽泣起来，伤心地说："我有福分得遇太子，充填后宫，可是不

为嫡嗣,以托妾身。"安国君许之。乃与夫人刻玉符,约以为
幸没生儿子,希望把子楚立为继嗣,以便我日后有个依靠。"安国君答应了。就与夫人刻下玉符,

嫡嗣[1]。安国君及夫人因厚馈遗子楚,而请吕不韦傅之,子楚以
决定立子楚为继承人。于是安国君和夫人都厚送子楚财物,还请吕不韦作为师傅,因而子楚

此名誉益盛于诸侯。
的名声在诸侯中盛传开来。

吕不韦取邯郸诸姬绝好善舞者与居[2],知有身[3]。子楚从
吕不韦娶了一个邯郸绝顶漂亮而又善舞的女子,两人同居已有了身孕。有一天子楚到吕不韦家喝

不韦饮,见而悦之,因起为寿,请之。吕不韦怒,念业已破
酒,一见钟情,于是向吕不韦敬酒,要求得到赵姬。开始吕不韦心里非常生气,但转而一想,自己全部

家为子楚,欲以钓奇[4],乃遂献其姬。姬自匿有身,至大期时[5]
家产都在子楚身上,想的是钓到奇货,不如顺水推舟把赵姬送给子楚。赵姬隐瞒自己有身孕,到了产期,

生子政。子楚遂立姬为夫人。
生了儿子取名政。子楚立赵姬为正夫人。

秦昭王五十年,使王齮围邯郸,急,赵欲杀子楚。子楚
秦昭王五十年(前257年),派王齮围攻邯郸,情势危急,赵国想杀掉子楚。子楚

与吕不韦谋,行金六百斤予守者吏,得脱,亡赴秦军,遂以得
与吕不韦密谋,拿出六百斤黄金贿赂看守官吏,得以逃脱,跑到秦军营中,终于回到秦国。

归。赵欲杀子楚妻子,子楚夫人赵豪家女也,得匿,以故母
赵国想杀死子楚的妻子,因子楚妻子出身赵国豪门,得以躲藏起来,母子都活下来了。秦

1　约:誓约。
2　与居:同居。
3　有身:怀孕。
4　钓奇:钓到奇货。
5　大期:产期。

子竟得活。秦昭王五十六年，薨，太子安国君立为王，华阳

> 昭王五十六年（前251年）逝世，太子安国君为秦王，华阳夫人为正后，子楚为太子。赵

夫人为王后，子楚为太子。赵亦奉子楚夫人及子政归秦。

> 国只好把子楚夫人及儿子政送回秦国。

秦王立一年，薨，谥为孝文王。太子子楚代立，是为庄襄

> 安国君继位只一年就逝世了，谥为孝文王。太子子楚继位，这就是庄襄王。庄襄王拜认的养

王。庄襄王所母华阳后为华阳太后，真母夏姬尊以为夏太后。庄

> 母华阳后尊为华阳太后，亲生母夏姬尊为夏太后。庄襄王元年（前249年），用吕不韦为丞相，封

襄王元年，以吕不韦为丞相，封为文信侯，食河南洛阳十万户。

> 为文信侯，食邑河南洛阳十万户。

庄襄王即位三年，薨，太子政立为王，尊吕不韦为相国，号

> 庄襄王登位三年后逝世，太子政立为秦王，尊奉吕不韦为相国，尊称为叔父。秦

称"仲父"[1]。秦王年少，太后时时窃私通吕不韦。不韦家僮万人。

> 王年小，太后时常与吕不韦私通。吕不韦家中奴婢多达一万人。

当是时，魏有信陵君，楚有春申君，赵有平原君，齐有孟

> 当时，魏国有信陵君，楚国有春申君，赵国有平原君，齐国有孟尝君，都礼贤下士，喜欢结

尝君，皆下士喜宾客以相倾[2]。吕不韦以秦之强，羞不如，亦招

> 交宾客互相攀比争胜。吕不韦认为秦国最强大，宾客比不上四公子而羞耻，也招致士人，待遇很厚，

致士，厚遇之，至食客三千人。是时诸侯多辩士，如荀卿之

> 食客达到三千人。这时东方诸侯国有很多才辩之士，像荀卿这样的人，著书立说，流传天下。吕

徒，著书布天下。吕不韦乃使其客人人著所闻，集论以为八

> 不韦就让他的宾客人人都写下自己的见闻，综合他们的言论编集成八览、六论、十二纪，二十多

---

[1] 仲父：尊称为叔父。
[2] 相倾：互相争胜，压倒对方。

览、六论、十二纪，二十余万言。以为备天地万物古今之事，号曰《吕氏春秋》。布咸阳市门，悬千金其上，延诸侯游士宾客有能增损一字者予千金。

> 万字。认为它全部包括了天地万物古今的事理，题名为《吕氏春秋》。吕不韦把这部书公布在咸阳门楼上，还在门楼上悬挂了一千金作为重赏，延请诸侯游士宾客，若有人能增删一个字，就把千金赏给他。

吕不韦悬赏千金改《吕氏春秋》

刺绣文不如倚市门

这个故事是鼓励经商。秦汉时期重农抑商，法律对工商之民加倍征收人头税，不准工商之民乘坐华丽车驾，穿锦绣衣裳，不准做官，服徭役首当其冲。当时的国策以农业为本业，国家生命之根本，民以食为天，重农没有错。工商被认为是末业，工商之民多了，务农的少了，吃饭就要成问题，所以抑末，就是压制工商之民。

重本抑末，产生于战国时代。法家韩非写《五蠹》，视工商之民为五种社会蛀虫之一，建议实行专政。商鞅在秦国变法，重本抑末正式定为国策。随着秦国统一六国，重本抑末推向全国。汉承秦制，重本抑末更加制度化。

士农工商是社会经济文化发展的必然分工。《周书》说："农不出则乏其食，工不出则乏其事，商不出则三宝绝，虞不出则财匮少。"农工商虞，缺一不可。商人流通货物，刺激生产，百货增殖，有利社会，不妨碍别人，为什么要压制呢？司马迁写《货殖列传》表彰工商之民的社会贡献，对重农抑末提出批评。"刺绣文不如倚市门"，是当时的一句流行语，说的是百货增殖，发财致富，农不如工，工不如商。刺绣文，指女红，针线刺绣做工，不如开个小店铺。在通都大邑经商，卖酱卖醋，皮货木柴，总之各种物品均可成为商品。经商要薄利多销，贪贾三之，廉贾五之。贪心的商人，取三分之一的利润，公平的商人取五分之一的利润。五分之一，

▲ 清·焦秉贞《仕女图册·梅窗刺绣》

就是百分之二十的利息,这是合理利润。按这个利润,经营百货,达到上千的规模,年收入可得利润二十万,相当于千户侯的年租,可与封君相比,称之为"素封"。这是司马迁总结的经商千字经。

秦汉法律贱商人,但商人有了钱,"因其富厚,交通王侯,力过吏势,以利相倾;千里教游,冠盖相望,乘坚策肥,履丝曳缟"。这是晁错所描述的文景时期的商人情况,他对此发出了"今法律贱商人,商人已尊贵矣"(《汉书·食货志》)的惊呼,认为不合理。司马迁对此提出了新的看法。他认为:"凡编户之民,富相什则卑下之,伯则畏惮之,千则役,万则仆,物之理也。"这里司马迁从经济的观点揭露了人剥削人、人压迫人的现实,把"劳心者治人,劳力者治于人"的本质揭穿了。国君、王侯、官吏之所以

商人牟利属正当

那么神气，不就是他们通过权力压迫剥削了大量财富吗？王侯封君食租税，"岁率二百户"，千户之君年收入二十万，富商大贾只要有一百万资本，每年可获得二十万的年利收入，与千户之君相等。这就是"素封"，无冕的王侯。各行各业的人都可运用自己的聪明才智赚钱变成"素封"，与王者同乐。司马迁的这一"素封"论与秦末农民起义陈胜喊出的"王侯将相宁有种乎"，有异曲同工之妙。"巨万者与王者同乐"，这就是"素封"论的基本内容。"素封"论揭示了富贵礼义的本质，曲折讽刺了那些荒淫无耻而又"口不言利"的统治者，他们欺骗人民，只要人民讲"义"而不要人民讲"利"。司马迁用"素封"论鼓励人人发财致富，改变"侯之门，仁义存"，这一不合理的现实，具有特殊的战斗作用。在统治阶级鄙弃"小人喻于利"的时代，司马迁发出了这一离经叛道、鼓励发财、鄙弃贫贱的异端，是有特别深意的。这是一段为商人正名的战斗的千字经檄文。

货殖列传

谚曰:"百里不贩樵,千里不贩籴?"居之一岁,种之
<small>俗话说:"贩柴的不出一百里,贩粮的不出一千里。"在一地居住一年,就要种植谷物;</small>
以谷;十岁,树之以木;百岁,来之以德。德者,人物之
<small>居住十年,就要栽种树木;居住百年,就要积累道德。所谓道德,是指有修养的人。现在有些人</small>
谓也。今有无秩禄之奉,爵邑之入,而乐与之比者,命曰
<small>既没有官职俸禄,也没有封爵领土,但欢乐富有,可与有官爵的贵族相比,这被叫作"素封"(没</small>
"素封"[1]。封者食租税,岁率户二百。千户之君则二十万,朝
<small>有官爵俸禄的封君)。有封地的人享受租税,每年每户缴纳二百钱。有千户的封君,每年可达</small>
觐聘享出其中[2]。庶民农工商贾,率亦岁万息二千,百万之家
<small>二十万钱的租税收入,觐见皇帝,访问交际和祭祀的费用都要从这里开支。平民百姓——农、工、</small>
则二十万,而更徭租赋出其中[3]。衣食之欲,恣所好美矣。故
<small>商、贾,家里有一万钱,每年利息可得二千钱,百万之家每年可得利息二十万,更徭租赋的费用要</small>
曰陆地牧马二百蹄[4],牛蹄角千[5],千足羊,泽中千足彘,水
<small>从中支出。这样的人家,就可以满足衣食的欲望,肆意放纵之乐了。所以说陆地牧马五十匹,养</small>
中千石鱼陂,山居千章之材[6]。安邑千树枣,燕、秦千树栗,
<small>牛一百六十七头,养羊二百五十只,养猪二百五十头,在水中有鱼一千石,在山里有一千株成材</small>

---

1 素封:没有爵禄的封君。此指大商贾,财敌封君,因而被称为素封。
2 朝觐:指觐见皇帝的费用。聘享:指交际和祭祀的费用。
3 更徭:汉制,不愿服役者可出钱代役,称更徭。
4 马二百蹄:马有四蹄,二百蹄为五十匹马。
5 牛蹄角千:一牛四蹄二角,蹄角千即大约一百六十七头牛。
6 千章之材:有一千棵大树的森林。

清代苏州版画《渔樵耕读图》

蜀、汉、江陵千树橘，淮北、常山已南，河、济之间千树
大树。安邑有千株枣树，燕、秦有千株栗子树，蜀、汉、江陵有千株橘树，淮北、常山以南及黄河、
荻[1]，陈、夏千亩漆，齐、鲁千亩桑麻，渭川千亩竹，及名国
济水之间有千株楸树，陈、夏有千亩漆树，齐、鲁有千亩桑、麻，渭川有千亩竹林，以及在名扬
万家之城，带郭千亩亩钟之田，若千亩卮茜[2]，千畦姜韭。此
国内万户人家的都城郊外有亩产一钟的千亩良田，或者千亩栀子、茜草，千畦生姜、韭菜。以上
其人皆与千户侯等。然是富给之资也，不窥市井，不行异
这些人的财富可与千户侯相等，都是富足的资本。他们不必上街市去劳作，不用到外地奔波，坐
邑，坐而待收，身有处士之义而取给焉。若至家贫亲老，
在家中不劳而获，身有处士之名而取用享受。至于那些贫困人家，父母年老，妻儿弱小，逢年无
妻子软弱，岁时无以祭祀进醵[3]，饮食被服不足以自通，如此
钱祭祀、送礼、会餐，饮食衣服不能自给，如此这样还不感到惭愧羞耻，那就没有什么可比拟的
不惭耻，则无所比矣。是以无财作力，少有斗智，既饶争
了。所以，没有钱财只能出卖劳力，稍有钱财便玩弄技巧，资本雄厚，就要逐时做大生意，这是
时，此其大经也。今治生不待危身取给，则贤人勉焉。是
大略原则。谋求生计，不必危害自身安全就能取得享用，就是贤人也努力去追求。所以，经营农
故本富为上，末富次之，奸富最下[4]。无岩处奇士之行，而长
业致富的为上，经商致富的次一等，作奸犯法致富是最低下的。如果没有深居山野的隐士的品行，
贫贱，好语仁义，亦足羞也。
而长期贫贱，妄谈仁义，这才真是羞耻的。

---

1 荻：通"楸"，落叶乔木名。
2 若：或。卮、茜：染料植物。
3 进：通"赆"，送人礼物。醵（jù）：聚餐。
4 本富：经营农业致富。末富：经商致富。奸富：作奸犯法致富。

凡编户之民，富相什则卑下之，伯则畏惮之，千则役，万则仆，物之理也[1]。夫用贫求富，农不如工，工不如商，刺绣文不如倚市门，此言末业，贫者之资也。通邑大都，酤一岁千酿[2]，醯酱千瓨[3]，屠牛羊彘千皮，贩谷粜千钟，薪槀千车，船长千丈，木千章，竹竿万个，其轺车百乘[4]，牛车千两，木器髹者千枚[5]，铜器千钧，素木铁器若卮茜千石，马蹄躈千[6]，牛千足，羊彘千双，僮手指千[7]，筋角丹沙千斤，其帛絮细布千钧，文采千匹，榻布皮革千石[8]，漆千斗，蘖曲盐豉千答[9]，鲐鮆[10]千

> 凡是编户的普通百姓，对于财富比自己多十倍的人就会自卑，对于多百倍的人就要惧怕，对于多千倍的，就要受人家役使，相差万倍的就会给人家做奴仆，这是社会生活的常理。要从贫穷变得富有，务农不如做工，做工不如经商，从事刺绣文采不如当街买卖。这是说经商末业，是穷人致富的手段。在交通发达的大都市，每年要卖出酒千瓮，醋千缸，饮浆千，屠宰牛羊猪千头，贩卖谷物千钟，柴草千车，拥有船只总长千丈，木材千株，竹子万株，轺车百乘，牛车千辆，漆器千件，铜器千钧，木器、铁器和染料千担，马二百匹，牛二百五十头，羊、猪二千只，奴隶一百人，筋角、丹砂千斤，丝絮细布千钧，彩色丝绸千匹，粗布皮革千石，漆千斗，酒曲、盐豆豉千瓶，鲐鱼、刀鱼千斤，小杂鱼

1　物之理：事物的规律。
2　酤：卖酒。千酿：一千瓮酒。
3　醯（xī）：醋。瓨（xiáng）：长颈陶器，可容十升。
4　轺（yáo）车：华贵的轻便马车。
5　木器髹：漆器。
6　马蹄躈千：蹄口一千，即马二百匹。躈（qiào），马口。
7　僮手指千：一百名奴隶，一人有十指。
8　榻布：产于云南境内的士布。
9　蘖曲：酒曲。豉（chǐ）：豆皮。答：别本作"台"，通"瓵（yí）"，陶器，容一斗六升。
10　鲐（tái）：河豚。鮆（jì）：刀鱼。

斤，鲰[1]千石，鲍千钧，枣栗千石者三之，狐貂裘千皮[2]，羔羊
千石，腌咸鱼千钧，枣栗二千石，狐貂皮裘千件，羔羊皮千石，毡毯千条，水果蔬菜千钟，
裘千石，旃席千具[3]，佗果菜千钟，子贷金钱千贯[4]，节驵会[5]，贪
还有高利贷资本千贯，交易中间人中贪心的商人获利十分之三，老实的商人获利十分之
贾三之，廉贾五之，此亦比千乘之家，其大率也。佗杂业不
二，这些人可与千乘之家相比，这是大致的情形。至于其他杂业，如果没有十分之二的
中什二[6]，则非吾财也。
利润，那就不是可以追求的财富了。

1 鲰（zōu）：小杂鱼。
2 貂（diāo）：通"貂"，貂鼠。
3 旃席：毡毯。
4 子贷金钱：高利贷资本。
5 驵（zǎng）会（kuài）：牙商，即市侩，交易中间人。
6 不中什二：不到十分之二的利润。

▲ 明·仇英《帝王道统万年图册·后稷》

治生故事

六则

后稷遭弃终不死

　　后稷，周族的始祖，姓姬，名弃。虞舜帝封他为后稷，这个封号的意思就是"种谷大王"。因为弃是担任帝尧和帝舜的农师，主管农业生产，是一个种粮能手。这个故事讲华夏民族以农为本，源远流长。

　　弃的母亲是帝喾的妻子。帝喾是黄帝的曾孙，五帝之一。传说帝喾有四位妻子——姜原、简狄、庆都、常仪。姜原是有邰氏部落的女儿，帝喾的长妻。有一天她外出，在路上看到一个大大的脚印，看样子是一个巨人踩下的足迹。姜原好奇，就把自己的脚踩上去，比一比。不踩则已，一踩感到身子震颤，好像被一个巨人拥抱。过了一阵，姜原发现自己有了身孕，她觉得这事很神奇，踩了巨人脚印怀了孕，不知是福还是祸，心里惶恐不安。十月临盆，生下一个儿子，姜原认为不吉利，不想养这孩子，就把他扔掉。起初姜原把孩子扔到一个小巷里，让路过的牛马踩死他。没想到牛马走到小巷里，到小孩跟前小心翼翼地跨过去，孩子没有被踩踏。姜原把孩子抱到树林里，想扔在那里，这时恰好一群人路过树林，没有扔成。姜原又把孩子扔到渠里冰块上，打算冻死他。可是刚扔下孩子，天上就飞来许多鸟，鸟群俯冲下来，有的垫在孩子身下，有的用翅膀盖在孩子身上。俗话说："事不过三。"姜原三次丢孩子，孩子都没死，她感到很神奇，于是改变主意，把孩子留下养起来。由于起初不想养他，所以她给孩子取名叫弃。

后稷一出生就被抛弃

　　姜原不知道弃的父亲是谁,住在哪儿,所以弃只能子从母居,在有邰氏部族生活。弃在儿时,就非常出众,承袭了父母的优点,长得英俊高大,如同巨人一般,而且他志向远大,一心要成就一番事业。当时,有邰氏部落很善于耕种。受此影响,他在游戏时,酷爱种植庄稼,在大人的指导下,他种的麻、豆等长得非常茂盛,这种兴趣和训练,使弃从小就掌握了农业生产技术。弃长大成人之后,更喜欢耕田种地,并仔细研究什么样的土地适宜种什么庄稼,还不断地从荒原中垦出好的田地耕种。他种的麻、豆、谷、菜等年年丰收。他的耕种技术在老百姓中影响很大,大家都来向他学习。他非常谦虚,耐心地给前来学习的人传授经验。尧帝听说了他的事,召见了弃,并举荐他担任农师。弃任职后如鱼得水,他深入各地,了解土地情况,帮助民众开田种地,传授他们耕作技术。天下人在他的指导下,大兴务农之风,广开粮田,精耕细种,粮食产量大大增加,人们过上了丰衣足食的日子。到了舜帝时,农业生产有了更进一步的发展,弃的美名也广为流传。为了表彰弃的功德,舜帝也召见了弃,并赞扬他说:"弃,你在黎民百姓挨饿的时候,担任了农师,号召天下广种各种谷物,取得了很大的成就。"他给弃加官晋爵,封他为后稷,以姬为姓。从此,以后稷为始祖的周人开始兴起。

传说故事是历史的折光反射。周族是农业民族,所以说他们的祖先后稷以农兴起。姜原践巨人迹生子,这是远古母亲氏族时期,小孩随母长大,只知母不知父。姜原有丈夫帝喾,这说明母亲氏族正在向父亲氏族过渡。这时原始社会进入了对偶婚时代。

▲ 清·佚名《历代帝王圣贤名臣大儒遗像·后稷》

周本纪·后稷

周后稷，名弃。其母有邰氏女，曰姜原。姜原为帝喾
<small>周的始祖后稷，名叫弃。他的母亲是有邰氏的女儿，名叫姜原。姜原是帝喾的正妃，姜原去</small>
元妃[1]。姜原出野，见巨人迹，心忻然悦，欲践之，践之而身
<small>野外，看见一个巨人的足迹，心里欣然爱悦，想要踏它一下，一踩上就觉得身子震动好像怀孕一样。</small>
动如孕者。居期而生子[2]，以为不祥，弃之隘巷，马牛过者
<small>满十个月就生下个儿子，认为不吉祥，就把他扔在狭窄的小巷里，但过往的马、牛都避开不践踏他；</small>
皆辟不践[3]；徙置之林中，适会山林多人，迁之；而弃渠中冰
<small>换个地方遗弃到树林里，适逢山林里人多，所以又挪了个地方；把他抛到水沟的冰上，有飞鸟飞来</small>
上，飞鸟以其翼覆荐之[4]。姜原以为神，遂收养长之。初欲弃
<small>用羽翼上蔽下盖保护他。姜原认为他很神奇，就收留抚养他长大。因为当初想抛弃他，所以就起名</small>
之，因名曰弃。
<small>叫弃。</small>

弃为儿时，屹如巨人之志。其游戏，好种树麻、菽[5]，
<small>弃在孩提的时候，就俨然像大人一样有志气。他做游戏，喜欢种植麻和豆类作物，</small>
麻、菽美。及为成人，遂好耕农，相地之宜，宜谷者稼穑
<small>麻和豆都长得很茂盛。等到成人后，就喜爱耕田种植的农活，考察土地适宜种谷的就在</small>

---

1. 元妃：元配，嫡妻。
2. 居期：如期，指怀胎满十月。
3. 辟：同"避"。
4. 覆荐：飞鸟以羽翼上蔽下垫，使弃得到温暖。覆，盖。荐，草垫，用如动词，垫。
5. 麻、菽：麻类和豆类作物的总称。

焉，民皆法则之。帝尧闻之，举弃为农师，天下得其利，有
那里播种与收获，大家都效法他。尧帝知道了这件事，推举弃担任农师，天下都得到他

功。帝舜曰："弃，黎民始饥，尔后稷播时百谷[1]。"封弃于
的好处，很有功劳。舜帝说："弃呀！黎民忍饥受饿，你担任了农师，适时播种了百谷。"

邰，号曰后稷，别姓姬氏。后稷之兴，在陶唐、虞、夏之
把弃封在邰地，号称后稷，另外以姬作为他的姓。后稷的兴起，在唐尧、虞舜、夏禹的时候，

际，皆有令德[2]。
历代都有美德。

1 时：同"莳"，栽种。
2 令德：美德。

本末俱利越称霸

春秋中后期，吴越两国强大起来，互相攻战，水火不容，相继争霸，最后越灭吴，楚灭越，战国时统一在楚国版图中。

战争是政治力、经济力的综合较量，经济是基础。吴国在今江苏境内，越国在今浙江境内，两国相邻，习俗相同。这里是鱼米之乡，到春秋时经济逐渐得到发展，所以两国争强。

古代生产，农业是基础。发展农业称为本业，发展工商称为末业。用兵打仗，粮食是最基本的战略物资，俗话说："兵马未动，粮草先行。"因此发展本业，增加粮食是各国都很重视的。春秋战国时的改革，着重点也是务本。废井田，开阡陌，就是承认私田化，鼓励农民的生产积极性。但打仗要用钱，要有利器，这就需要发展工商业。战国时代战争频仍，但战国时代思想自由，百家争鸣，工商业发达，其中一个重要的原因是战争推动。打仗就要富国强兵。富国就要发展生产，强兵需要利器，两者都推动着工商业的发展。如何治国，如何发展生产，如何打仗，都需要人才，因此列国之间，都开放自由，用优厚条件招揽人才，所以出现了思想自由、百家争鸣的环境。人才流动自由，市场经济发达，春秋后期开始出现了这一局面。

本末俱利，就是指一个国家既重视农业，又重视工商业，特别是把工商业放在首位。由于工商之民钱多，他们盘剥农民，引诱农民脱离本业，所以工商业往往受到限制。战国时商鞅在秦国变法，重本抑末，奖励耕战，打击工商之民。韩非写《五蠹》，称工商之民为社会的蠹虫，要对工商之民实行专政。秦汉时期，重本抑末在政策上具体推行，不许工商之民做官，加倍征收工商之民的人头税，首先征发工商之民服徭役，等等。由此可以想见，一个国家推行本末俱利政策，优先发展工商业，是有相当政治阻力的。

春秋后期，吴越争霸。吴国国土大于越国，靠近北方，农村经济开发比越国充分，实力强大，因此吴越交战，越国败多胜少。公元前496年吴王阖庐讨越，被越国打败，阖庐受伤而死。阖庐儿子夫差继位为吴王，他替父报仇，发兵讨越，越王勾践大败，只剩下五千人被吴兵围困在会稽山上。越王采纳范蠡、计然等人的策略，委曲求全，与吴王讲和，越国为吴国附庸。然后越王卧薪尝胆，艰苦奋斗，全力发展越国经济，大力推动工商业发展，特别是商业经营。计然之策，已经总结了许多市场经济的规律。如说："务完物，无息币。"商品要以质量取信，"完物"，指的就是货真价实，不卖伪劣产品。"无息币"，不要让资金闲置，投入流通领域。掌握市场的供求关系及价格涨落规律，价格贵到极点就要跌落，跌落到极点就要反弹。价格高涨时，把货物赶快抛出去，视之如粪土；跌落时，大量收购收藏，视为珍宝。总之买与卖，都要把握时机。而且要让钱财货币快速流通，像流水不断线，钱财就会不断增长。

在进行农业与商业的交换中，越王勾践也遵从计然的理论。农民出售谷子，商人进行收购。如果出售的谷子每斗售价二十钱，太低，农民要吃亏，打击了农民种田的积极性，不利于农业的发展；如果每斗售价九十钱，太高，商人就要吃亏，又不利于工商末业。本末是相互联系，制约和影响的。农民受损,就不会开垦土地,田地荒芜,就会缺少粮食。工商末业的人受损,财源就不充裕,钱财不能流通到社会,影响货物、货币流通,国家税收减少,财力也不可能增强。要使本末俱利,就要两者兼顾。谷价最高不能超过八十钱,最低不能少于三十钱,这才有利于调动各方的积极性。平价出售谷子,其他货物的售价也得到调整,关卡的税收和市场的供给都不匮乏。

　　越王不仅自己耕作,他的夫人也亲自纺线织布。在饮食方面也注重节俭,不奢侈浪费,不讲排场。穿着也不艳丽,精布素衣,与百姓同甘共苦。越王还放下王者的架子,尊敬有才有德的人,对宾客更是优厚礼遇。赈济贫苦人家,吊唁慰问死伤人员及家属。就因为这样,使得越国逐渐富

勾践夫妇同甘共苦

蠶繰輪捲遍千家午靜人憺鳥語譁浸綷形秀供織作阿香軋軋轉雷車緯

▲ 清·陈枚《耕织图·纬线》

织妇工，夫午寂，
多何曾已自著，
丝罗银，兰照霞，
方成寸，却早循，
环挪万，梭织。

▲ 清·陈枚《耕织图·织布》

强起来，人民也拥戴越王。

国力的雄厚，使越国训练出了精锐的军队。从最初被困会稽山时的五千余人，发展壮大到拥有熟练于水战的士兵二千人，训练有素的士兵四万人，国王的近卫军六千人，其他军官和后勤人员上万人。越王用丰厚的金钱去收买士兵，使士兵们勇赴战场，冲锋陷阵，不惧怕，不躲避箭石的射杀，赴汤蹈火为越王英勇作战。

有了一支强大的军队和英勇献身精神的士兵，以及富有的财力物资，越王有了报仇雪恨的信心和资本。最后越王终于打败强吴，称霸诸侯。

货殖列传

昔者越王勾践困于会稽之上,乃用范蠡、计然[1]。计
<small>之前越王勾践被吴王夫差困在会稽山,而任用范蠡、计然。计然说:"了解战争,才会做好准备,</small>
然曰:"知斗则修备,时用则知物[2],二者形则万货之情可
<small>了解货物什么时候为人需求,才算懂得商品货物。时用和物产二者都了解清楚了,则供求关系也就显现</small>
得而观已。故岁在金,穰;水,毁;木,饥;火,旱[3]。
<small>在眼前了。所以,岁星在正西方,则丰收;岁星在正北方,则歉收;岁星在正东方,则饥荒;岁星在正</small>
旱则资舟,水则资车,物之理也。六岁穰,六岁旱,
<small>南方,则干旱。故旱则备船,涝则备车,这才符合事物发展的道理。每六年一次丰收,每六年一次干旱,</small>
十二岁一大饥。夫粜[4],二十病农,九十病末[5],末病则财
<small>每十二年一次大饥荒。出售的粮食每斗二十钱则伤农,九十钱则伤商贾。商人吃亏,则钱财无所出。农</small>
不出,农病则草不辟矣。上不过八十,下不过三十,则
<small>民吃亏,则田地荒芜。粮价每斗高不超过八十钱,低不少于三十钱,则对农民商人都有利。平价出售</small>
农末俱利,平粜齐物[6],关市不乏,治国之道也。积著之
<small>粮食,调节物价,则关卡税收和市场供应都不缺乏,这是治国的道理。囤积货物,务必积贮坚好之物,</small>

---

1 范蠡、计然:越王勾践的两位谋臣。
2 时用:什么时候需求什么东西。
3 岁:岁星,即木星。古人依据木星的运行次位来预测年成的丰歉。岁在金,穰:岁星在正西方,这一年丰收。水:正北方。木:正东方。火:正南方。
4 粜(tiào):出售粮食。
5 病:伤,损害。斗米二十钱则伤农,九十钱则伤商贾。物价太贱与太贵,均对社会不利。
6 平粜齐物:调节粮与百货的价格。平、齐,不贵不贱。

理[1]，务完物[2]，无息币[3]，以物相贸易，腐败而食之货勿留[4]，

不要积压资金。以货物去贸易时，易腐败的货物不要留存，不要囤积以求高价。论断货物的过剩和短缺，

无敢居贵。论其有余不足则知贵贱，贵上极则反贱，贱

就知物价贵贱之理。物价贵到极点，就返归于贱，物价贱到极点，则返归于贵。货物贵时要及时卖出，

下极则反贵。贵出如粪土，贱取如珠玉。财币欲其行如

视同粪土；货物贱时要及时购进，视同珠宝。要使财币的流通周转像流水一样。"勾践按照计然的办

流水。"修之十年，国富，厚赂战士[5]，士赴矢石，如渴得

法治国十年，国家富足，就拿出丰厚的钱财赏赐兵士，使兵士们在战场上不顾箭射石击，冲锋陷阵就

饮，遂报强吴，观兵中国[6]，称号五霸。

如同口渴时求得饮水那样迫切，终于报了仇灭掉吴国，炫耀军威于中原，号称"五霸"之一。

---

1 积著：囤积货物。著，同"贮"。
2 完物：坚好之物。
3 无息币：不要积压资金。
4 食：通"蚀"，损耗。易腐败，损耗大的货物，不要久留。
5 赂：赏赐。
6 观兵：炫耀军威。中国：中原各诸侯国。

西门豹治邺

战国时期魏国的邺县在今河北省临漳县西南和河南省安阳市北部一带。西门豹革除社会恶俗,破除"河伯娶妇"的迷信和修筑水渠的故事,即"西门豹治邺"就发生在这里。

战国初年,魏国在中原最为强大。魏文侯求贤任能,于公元前408年任命西门豹为邺县县令。西门豹是辅佐魏文侯的重臣,具有治理国家的政治才干,同时他为官清正,关心百姓疾苦。

西门豹接到魏文侯的任命后,带领随从立即启程赴任。一行人进入邺县境内。只见田园荒芜,人烟稀少,一片凄凉景象。这时,迎面过来一位白发苍苍的老婆婆,拄着一根拐棍颤颤巍巍地走着,身边还跟着一个十四五岁的女孩子,那女孩子长得很匀称秀气,可不知为什么五官端正的脸上却敷着一层烟灰,一双明亮的大眼睛闪着惶恐的目光,见了陌生人直往婆婆身后躲。西门豹上前和颜悦色地问道:"老婆婆,你们这是去哪儿呀?"那位老婆婆看了看他说:"我们去邻县投奔亲戚家。这地方……唉!"老婆婆深深地叹了口气,又说,"看样子你们不是本地人吧?"一随从忙替西门豹回答:"我们大人是新上任的县令。"一听此话,老婆婆面色发白,拉着少女匆匆离去。西门豹见了,十分纳闷。

到任之后,西门豹立即深入民间,会见乡亲父老,询问他们民间感到最困苦的是什么。父老们都愤愤地说,百姓最苦恼的是替河伯娶妇,

▲ 元·赵孟頫《九歌图·河伯》

因为这个原因,许多人家都逃走了,人们都贫穷了。西门豹马上联想到路上遇见的老婆婆和小姑娘惊慌奔走的情景,他大惑不解,忙问:"河伯是谁?他娶媳妇,老百姓为什么要跑呢?"

原来此地有一条大河叫漳河,漳河上游位于地势陡峭的万山丛中,水流湍急,冲刷走大量的泥沙和石块,到了地势低平的邺县,那泥沙与石块就沉积下来,淤塞了河道。每年雨季到来时,漳河水位骤涨,泛滥成灾,淹没两岸的农田和民宅。地方官吏勾结女巫,借口平息水患,利用天灾搜刮百姓。他们放出谣言说,河伯是漳河的水神,每年得为他娶一个年轻漂亮的媳妇,不然的话他会兴风作浪,发大水淹没整个邺县。于是在当地乡官和巫婆的操办下,每年都将一位少女投入漳河,称为"河伯娶妇"。他们以替河伯办婚事为由,年年都向老百姓征收钱财达数百万之多,而真正用于河伯娶妇的花费不过二三十万,剩下的钱全都落入地方官吏和装神弄鬼的巫婆腰包了。

西门豹听了这一席话,不由得怒从心起,可是他为了弄明白,仍然不动声色地问道:"即使是这样,那也用不着逃跑啊!他们怎样为河伯选妻呢?"父老们忙给他解释说,每年春天到河伯娶妇的时候,巫婆就挨家挨户地去物色姑娘,见了长得漂亮的,就硬说她该做河伯的夫人,强行聘娶。被选中的姑娘梳妆打扮后,就得离开父母亲人,独自居住在河边一间专门为她设置的屋子里,进行斋戒。十多天后,即河伯娶妇这一天,便把姑娘搁在一只用苇子编成的小船上,放在河里自行漂浮,顺流而下。飘不出几里地,就连人带苇船沉到河底,巫婆便说河伯把媳妇娶走了。许多人家害怕自己的女儿被选中,就举家老小背井离乡,逃亡外地。如此一来,本地的人口越来越少,日子也越来越过不下去了。原来是这样！他沉思了片刻，心里已有了主意。于是便对父老们说："今年为河伯娶妇的时候，请县吏豪绅、巫婆及各位父老都到河边去送新娘，你们早点告诉我，我也去给河伯道个喜。"

转眼之间，河伯娶妇的日子到了。一大早，西门豹带着一队武士来到河边。县吏、乡官和当地的豪绅早已会齐等候。远近的老百姓听说新来的县令要亲临河边"送亲"，也扶老携幼前来观看。西门豹还派人通知一些过去把女儿送给河伯的人家，邀请他们都来观看今年的婚礼。漳河边上一时竟密密麻麻地挤满了好几千人。

西门豹刚到河边临时搭设的草棚里坐定，只听一阵阵鼓乐声和刺鼻的香烛味传来，原来是十几个女巫弟子簇拥着一个老巫婆来了。这老巫婆七十多岁了，只见她披头散发，穿了一件五颜六色的法衣，口中念念有词，弟子们手里拿着香，一路上吆喝着。她们来到西门豹面前，参见西门豹。

西门豹徐徐地环视四周的百姓们，然后对老巫婆说道："把河伯的夫人带上来，让我看看她是否长得漂亮？"老巫婆连忙从帐幔中搀扶出一个十四五岁身着新娘服饰的小姑娘来。这姑娘早已吓得魂不附体，不停地哭泣。突然，人群中挤出一对衣衫褴褛的老年夫妇，他们奋力挣脱众侍卫的阻拦，冲上前来一把抱住女孩子就哭起来："我苦命的孩子啊！"女孩子也放声大哭："爹！娘！"一家人哭作一团。围观的百姓都忍不住为这不幸的少女掉泪。西门豹的眼眶有些湿润了，只见他关切的目光向少女打量了一眼，然后不紧不慢地对老巫婆说："河伯的媳妇应该是个美人，这个小姑娘怎么配河伯的夫人呢？这样吧，麻烦你到河伯府上走一趟，告诉他，过两日我们另挑一个更漂亮的姑娘送上。"

"啊？"老巫婆一听这话，面色霎时变成了土灰色，两脚发抖，瘫坐在地上。西门豹的随从立即抢到老巫婆跟前，几个人一下子将她高高举起，"扑通"一声扔到河里去了。众人被这突如其来的变故惊呆了，全都屏住了呼吸，睁大了眼睛望着西门豹。西门豹看看已趋平静的河面，对他的随从说："巫婆上了年纪，办事情拖拖拉拉，去了这么久都不回来，派她的徒弟前去打听一下。"于是把一个领头的弟子扔到河里。等了一会儿，西门豹装出很不耐烦的样子说："这个徒弟怎么也不回来？再派一个腿脚麻利的去催一催。"接着，又一个领头的弟子被扔进河里。一连投了三个弟子到河中。围观的百姓们也十分紧张，但心里很高兴，有的暗暗地笑了起来，七嘴八舌地窃窃私语着眼前发生的事情。

又过了一会儿，西门豹转向乡官说："巫婆和她的弟子都是女人，说话太啰唆，还是辛苦你去走一趟，把事情讲明白，以免惹河伯生气。""大人

西门豹把女巫弟子投进河里

饶命！大人饶命啊！"乡官吓得磕头不已。随着"扑通""扑通"几声，几个经常向百姓勒索的乡官也被一个个扔到河里。

西门豹头上戴着簪笔，身穿官服，面对大河行了个大礼，毕恭毕敬地站在河边静静地等待。侧面站着的县吏与豪绅们都战战兢兢地你望着我，我望着你，连大气都不敢出，生怕下一个倒霉蛋就是自己。

片刻之后，西门豹回头厉声叫道："巫婆、乡官怎么还不回来，看来还得再派人去催！"说着他那威严的目光向那群县吏和豪绅们一扫。这群坏蛋像触电一般，全都扑通跪倒在地，磕头如捣蒜，连连哀号，乞求饶命，直磕得血流满面。西门豹高声地对他们说："世上哪有什么河伯？你们有谁看见过？作恶多端的老巫婆与乡官造谣惑众，骗取钱财，你们也跟着为非作歹欺诈百姓，害得多少人家远走他乡，多少无辜少女被河水吞噬，如今罪大恶极的巫婆与乡官已经死了，今后谁要再胡说什么河伯娶妇，就叫他先去河里跟河伯见面。"那帮家伙连连磕头认罪。西门豹说："你们都起来吧，看样子河伯要盛情款待他们，一时不能回来，你们先回去吧！"在百姓的哄笑声中，这帮家伙抱头鼠窜，仓皇逃命。从此，邺县再也没有人敢提为河伯娶妇这件事了。

西门豹用机智、巧妙的手法惩治了勒索和骗取百姓钱财的官吏和巫婆，为百姓除去了最大的困苦，邺县人民无不拍手称快。然而，洞悉民情的西门豹清楚地知道，不根治水患，发展生产，百姓的日子仍然不会好过。

西门豹立即着手发动百姓测量地形，疏通河道，开凿水渠，引漳河水灌溉农田。修渠时，有人认为工程浩大劳民伤财，会得不偿失，因而想打退堂鼓。西门豹耐心地开导他们说："开渠引水是治理漳河水患的最好办法。今天兴修水利虽然给乡亲们增添了负担，但是开渠成功后，必

西门豹决心根治水患

然会给大家带来好处,你们的子孙后代再也不会因漳河水患而痛苦。正如俗语说得好,'前人种树,后人乘凉'嘛!"西门豹的肺腑之言,说得众人心服口服。

西门豹率领百姓修筑了十二条水渠,这一水利工程被称为"西门豹渠"。从此,漳河变水害为水利,一般的水灾、旱灾不再犯了。两岸的农田得到灌溉,不少荒地变成了良田。以前离开故土的百姓也都纷纷回到家乡安心耕种,收成比什么时候都好,邺县人民过上了安居乐业的日子。

滑稽列传·西门豹

魏文侯时,西门豹为邺令[1]。豹往到邺,会长老[2],问之民所疾苦。长老曰:"苦为河伯娶妇,以故贫。"豹问其故,对曰:"邺三老[3]、廷掾常岁赋敛百姓,必收其钱得数百万,用其二三十万为河伯娶妇,与祝巫共分其余钱持归[4]。当其时,巫行视小家女好者,云是当为河伯妇,即娉取。洗沐之,为治新缯绮縠衣[5],闲居斋戒;为治斋宫河上[6],张缇绛帷,女居其中。为具牛酒饭食,十余日。共粉饰之[7],如嫁女床席,令女居其上,浮之河中。

> 魏文侯的时候,西门豹就任邺县令。西门豹到了邺县,走访长老,问民疾苦。长老说:"最痛苦的就是给河伯娶媳妇,因此弄得很贫穷。"西门豹细问其中原委,回答说:"邺县的三老、廷掾等官吏每年都要向百姓收娶妇费,有数百万,用二三十万钱为河伯娶妇,大部分被三老、廷掾与巫婆瓜分归了个人腰包。到了娶妇的时候,巫婆就巡察小户人家女孩长得漂亮的,指定她应当嫁给河伯,强行聘娶带走。给她洗头洗身,缝制绸缎新衣,独居斋戒;替她在漳河岸边建造斋戒的房子,张挂起赤黄色和大红色的帷帐,女子就住在里面。给她备办有牛肉和酒的上等好饭,静养十余天。大家一起替她梳妆打扮,一本正经地按嫁女一样备办床帐枕席,让

---

1 邺:魏邑。
2 会:召聚。长老:德高望重之人。
3 三老:古代乡官之长,掌教化。廷掾:县衙中的小吏。
4 祝:庙祝,庙中管香火的人。巫:替人祷告治病的巫婆神汉。女曰巫,男曰觋。
5 缯:帛。绮:彩绸。縠(hú):细绸。
6 斋宫:供出嫁河伯女子的斋房。
7 粉饰:梳妆打扮。

始浮。行数十里乃没。其人家有好女者，恐大巫祝为河伯取
<small>女子坐在床上，把床漂浮在河中，起初床还浮在河水上，浮流几十里以后就沉没了。那些有漂</small>

之，以故多持女远逃亡。以故城中益空无人，又困贫，所从来
<small>亮姑娘的人家，害怕大巫婆相中给河伯娶妇，因此往往带着女儿外逃，所以县城里人家越来越少，</small>

久远矣。民人俗语曰'即不为河伯娶妇，水来漂没，溺其人民'
<small>更加贫困，这习俗不知何时开始，到今，已经很久了。老百姓纷纷传言说'如果不给河伯娶媳妇，</small>

云。"西门豹曰："至为河伯娶妇时，愿三老、巫祝、父老送女
<small>洪水就来漂没一切，淹死所有的人'等。"西门豹说："到了河伯娶媳妇那天，请三老、巫婆、</small>

河上，幸来告语之¹，吾亦往送女。"皆曰："诺。"
<small>父老在送女出嫁的时候，一定要告诉我，我也来送亲。"大家说："好的。"</small>

　　至其时，西门豹往会之河上。三老、官属、豪长者、里
　　<small>到了那一天，西门豹到河边和大家相会。三老、官吏、豪绅、乡里父老都来会聚，前</small>

父老皆会²，以人民往观之者三二千人。其巫，老女子也，已
<small>来看热闹的群众有两三千人。那个巫婆，是个老太婆，年岁约七十。跟随的女弟子有十来个，</small>

年七十。从弟子女十人所³，皆衣缯单衣，立大巫后。西门豹
<small>都穿的是薄绸衣裳，站立在大巫婆的身后。西门豹发下话来，说："把河伯的媳妇叫过来，</small>

曰："呼河伯妇来，视其好丑。"即将女出帷中，来至前。豹
<small>让我看看是否漂亮。"有人立即将那女子送出帷帐，来到西门豹跟前。西门豹仔细打量了一</small>

视之，顾谓三老、巫祝、父老曰："是女子不好，烦大巫妪为
<small>阵，回过头对三老、巫婆、父老说："这女子不漂亮，烦请大巫婆到河中向河伯报告，另外</small>

入报河伯，得更求好女，后日送之。"即使吏卒共抱大巫妪投
<small>寻找一个漂亮女子，过两天再送去。"当即派几个县兵，合力抱起大巫婆投入河中。过了一会，</small>

1　幸：希望。
2　官属：指合谋的廷掾。豪长者：地方豪绅。里父老：乡间长者。
3　所：左右。

之河中。有顷，曰："巫妪何久也？弟子趣之！"复以弟子一
西门豹又说："大巫婆这么久还不回来，请她的弟子去催促。"又将巫婆的女弟子投一个到
人投河中。有顷，曰："弟子何久也？复使一人趣之！"复投
河中。又过了一阵，西门豹又说："弟子去了这么久也不回来，不知为什么，再派一个去催促。"
一弟子河中。凡投三弟子，西门豹曰："巫妪弟子是女子也，
又投一个女弟子到河中。一共投了三个女弟子到河中。西门豹说："大巫婆和她的弟子都是女人，
不能白事，烦三老为入白之。"复投三老河中。西门豹簪笔磬
说不清话，麻烦三老去向河伯报告。"又把三老投入河中。西门豹神色严肃，插着簪笔，像石
折，向河立待良久。长老、吏旁观者皆惊恐。西门豹顾曰：
磬一样弯腰面对河水站立等待了很久。长老、官吏及看热闹的群众都很惊恐。西门豹回过来
"巫妪、三老不来还，奈之何？"欲复使廷掾与豪长者一人入
对大家说："巫婆、三老都不回来，怎么办呢？"又打算让一个廷掾和一个豪绅做代表去催促。
趣之。皆叩头，叩头且破，额血流地，色如死灰。西门豹
官吏、豪绅们都叩头求饶，磕破了头，额血染红了地面，脸色像死灰一样苍白。西门豹说："好
曰："诺，且留待之须臾。"须臾，豹曰："廷掾起矣。状河伯
吧，暂且再等一会儿吧。"过了一会儿，西门豹说："廷掾起来吧。看来河伯要长久地留客了，
留客之久，若皆罢去归矣。"邺吏民大惊恐，从是以后，不敢
你撤去嫁女的装束回家吧。"邺县的官吏及群众大为惊恐，从这以后，没人敢再提起给河伯
复言为河伯娶妇。
娶媳妇。

西门豹即发民凿十二渠，引河水灌民田，田皆溉。当
西门豹随即征发百姓开挖了十二条渠，引河水灌溉农田，农田都得到了灌溉。在挖渠的时候老百
其时，民治渠少烦苦，不欲也。豹曰："民可以乐成，不可
姓稍稍感到费力费钱，不想挖渠。西门豹说："老百姓可以和他们享受成功的快乐，但不可以和他们商

与虑始。今父老子弟虽患苦我，然百岁后期令父老子孙思
量事情的开始。现在父老子弟虽然恨我给他们带来了麻烦。但是百年以后，一定要让父老乡亲的子孙还
我言。"至今皆得水利，民人以给足富。十二渠经绝驰道[1]，
能想到我的话。"直到现在，邺县地方还得到水利的好处，老百姓家家富足。十二条水渠横穿秦始皇修
到汉之立，而长吏以为十二渠桥绝驰道，相比近，不可。
的驰道，到了汉朝建立，县里的长官认为十二条渠水上的桥梁隔断了驰道，彼此相邻太近，不可以。打
欲合渠水，且至驰道合三渠为一桥。邺民人父老不肯听长
算合并一些渠道，把横穿驰道的三条渠合并为一条，这样只需架一座桥。邺县的百姓父老不肯听县里长
吏，以为西门君所为也，贤君之法式不可更也。长吏终听
官的意见，认为那是西门前辈设计的，贤人的法式制度不能更改。邺县长官依从了老百姓的意见，把并
置之。故西门豹为邺令，名闻天下，泽流后世，无绝已时，
渠的事搁置起来。由此看来，西门豹担任邺县县令，名声传遍天下，恩泽遗留后世，没有中断的时候，
几可谓非贤大夫哉？
难道可以说他不是一个贤能的大夫吗？

---

1 驰道：秦汉时所筑供皇帝出巡的大道，即全国交通大道，正好与西门十二渠交叉，形成十二渠横穿驰道的格局。

天子不能具钧驷

驷，四匹马共拉的一辆车。钧，通"匀"，此指毛色匀称纯一。钧驷，用毛色纯一的马拉车。"天子不能具钧驷"，指秦末战乱，财物匮乏，连汉朝皇帝都不能用毛色纯一的马拉车。天子出巡，不止一辆车，有许多副车，不同的祭典场合，用的车辆数量也不同。例如天子法驾，属车四十六乘，共用一百八十六匹马。供天子乘用的御马，有专门的官署掌管、饲养。由于经济残破，汉朝天子的御用车马，无法配齐毛色纯一的马，而是杂色马。有人解释"天子不能具钧驷"，指汉朝皇帝驾具办不起毛色纯一的四匹马，未免太过分，解释得不正确。

"天子不能具钧驷"，非常典型地描述了汉初经济凋敝的情景。将相大臣有的只能乘牛车。在正规场合，拉车的马，不仅毛色纯一，而且是公马，用母马拉车，被认为寒酸，用牛拉车又等而下之了。

当时国贫民困。普通老百姓没有吃的，没有穿的，没有盖的，更没有储藏的，物价飞涨，一石米卖到一万钱。西汉昭宣时期，丰收之年，一石米才五钱，两者价钱相差了两千倍。当时的马一匹售价百金，一金是黄金一斤，等于一万钱。也就是一匹马售价一百万，相当于一百石米价，这就难怪将相有的要乘牛车了。

西汉皇帝大臣们为了恢复经济，采取了无为政策，与民休息。什么叫无为？就是国家和政府尽可能不兴办大事，不烦劳人民。具体来说，

▲ 汉文帝放弃造露台（清·佚名《帝鉴图说·露台惜费》）

西汉初年难凑毛色相同之马拉车

就是对内不大兴土木,皇帝不大修宫殿,不大建坟墓,即便是公益事业如水利、交通也尽可能有计划,能缓办的就缓办。所封列侯,全都回到封国去,不准住在京师,为的是减少京师人口,减少全国向京师运送的物资。汉朝初年,全国向京师运送的粮食,只有几十万石,到了汉武帝时需要几百万石,增加了十倍。对外,汉朝与匈奴和亲,不挑起战端,对南越安抚。高后当政时,匈奴冒顿单于写来书信,要吕后给他当情人,如此有辱国体尊严的大事,大臣们讨论的结果,还是忍让,不与匈奴交战。

无为政策下的财政,是量入为出,对老百姓约法省禁,轻徭薄赋。高祖入关,废去秦朝苛法,只约法三章。全国统一后,逐渐恢复了秦朝法律，但省去了许多，例如汉文帝废除了伤残身体的肉刑，一般罪过不株连家属。省禁，是开放禁苑，允许无地的贫民到原来宣布为皇室的土地上开荒，到山里去打猎，到湖泊中捞鱼。轻徭，减少徭役，不大兴土木，不打仗，自然大大减少了人民的徭役负担。薄赋，少征税。秦朝收田租什一税，汉朝初年改为十五分之一，文景时收三十分之一，还有十多年不征农业税。此外，国家还重本抑末。重本，就是鼓励农业生产，抑末就是限制工商业者。从事工商的人，要加倍缴纳人头税，不允许他们穿绸衣，不允许他们坐华丽的马车，不允许他们做官。汉初的这些政策，都是为鼓励全社会尽可能多的人从事以农业为主体的生产，恢复经济。多生产，少花

西汉初年开源节流

费，开源节流，人民安居。政府少生事，人民安心生产与生活，这就叫与民休息。

西汉经过高帝、高后、文帝、景帝四代人的努力，到汉武帝即位时，已经有了六十多年的休养生息，经济恢复，人口繁衍。汉初全国两千多万人口，汉武帝时五千多万。人民富足，国家殷实。京师的粮仓装满了粮食，旧粮未完，新粮又来，一层层积压，有的粮仓多年未动，粮食都发霉了。库房积压的铜钱，穿钱的线都断了，用不完的钱无法统计。这时大街小巷到处都有马，全国一片欢腾和乐。

"天子不能具钧驷"，是一场大战争带来的灾祸，但战争也推动着社会进步。汉初的无为政治，就是从秦末战争中吸取了经验，客观形势迫使新王朝的统治者作出政策调整，于是生产恢复了，国家强盛了，人民也富裕了。汉武帝反击匈奴也有了本钱。由于汉武帝过度使用民力，外征内作，几十年后，汉朝经济又处于破产边缘，汉武帝晚年悔过，经过昭宣中兴，汉朝经济又发展了。

《史记·平准书》写汉朝经济的发展变迁与政策的变化，系统而具体，是宝贵的经济专篇。这个故事讲汉朝前期一百年间经济的对比，由衰到兴，又由兴到衰，十分生动而有启迪意义。

平准书

汉兴，接秦之弊，丈夫从军旅[1]，老弱转粮饷[2]，作业
<small>汉朝建立时，承接秦朝留下的烂摊子，成年男子从军打仗，老弱被征发运送军饷，生产停顿</small>
剧而财匮，自天子不能具钧驷，而将相或乘牛车，齐
<small>物资匮乏。从天子起就无法用毛色纯一的四匹马拉车，至于将相有的只能乘牛车，平民百姓更是一</small>
民无藏盖[3]。于是为秦钱重难用[4]，更令民铸钱，一黄金一
<small>无所有。在这种情况下，秦朝的半两钱就显得太重不便流通，就改令百姓新铸重量轻的三铢钱，又</small>
斤，约法省禁。而不轨逐利之民[5]，蓄积余业以稽市物[6]，
<small>规定一斤重的黄金锭叫一金，同时，简约法令，放宽禁令。那些不遵守法规的唯利是图的富商大贾，</small>
物踊腾粜[7]，米至石万钱，马一匹则百金。
<small>囤积货物，操纵市场，物价飞涨，米卖到一石一万钱，马一匹值一百金，即一百万钱。</small>

天下已平，高祖乃令贾人不得衣丝乘车[8]，重租税以困辱之[9]。
<small>全国平定后，汉高祖下令，商人不得穿丝绸衣服，不能坐华贵的车子，并加重征收高出</small>

---

1. 丈夫：此指壮年男子。从军旅：服兵役。
2. 转粮饷：运输军粮。
3. 齐民：平民。无藏盖：家无余粮，极言贫困无积蓄。藏盖，需加盖而藏之物，此代指粮米。
4. 秦钱重：指秦始皇三十七年（前210年）推行的半两（一两为二十四铢）钱，钱文半两，重量是十二铢。
5. 不轨：不走正道，不守规矩。
6. 蓄积余业：囤积货物。余业，停销货物。以稽市物：以此操纵市场，哄抬物价；稽，贮留，引申为操纵。
7. 物踊腾粜（tiào）：物价飞涨时再卖出。踊腾，飞涨。粜，卖出粮食。
8. 贾（gǔ）人：商人。
9. 重租税：加重租税负担。汉律规定，对算赋征收，商人与奴隶要比一般人加倍。

孝惠、高后时[1]，为天下初定，复弛商贾之律[2]，然市井之子孙亦不
一倍的税来困迫并贬低他们。孝惠帝、高后时期，因为社会刚刚稳定，重新放宽抑制商人的法令，
得仕宦为吏。量吏禄，度官用，以赋于民。而山川园池市井租
但商人子孙仍不许做官。政府估量官吏的俸禄，计算官府的各项支出费用，以此向百姓征税。
税之入，自天子以至于封君汤沐邑，皆各为私奉养焉，不领于
而山川园池及市井租税的收入，从天子到各级封君汤沐邑地区内的，划归他们作为私人的供养，
天下之经费。漕转山东粟[3]，以给中都官[4]，岁不过数十万石。
都不向国库领取俸禄。水陆转运崤山以东的粮食，用来供养京师的各官府，每年不过几十万石。

至今上即位数岁，汉兴七十余年之间，国家无事，非
到当今皇上即位的头几年，汉朝建立已经七十多年，此间国家太平无事，除非遇上水旱灾害，百
遇水旱之灾，民则人给家足。都鄙廪庾皆满，而府库余
姓都能温饱富足。京城和边邑的粮仓都装满了，国库也有充裕的余财。京城库藏的钱财累计达一万万，以
货财。京师之钱累巨万[5]，贯朽而不可校[6]。太仓之粟陈陈相
至于穿钱的绳子都腐朽了，无法点数。国家粮仓的谷物吃不完，陈粮加陈粮，年年堆积，粮库满了只得露
因[7]，充溢露积于外[8]，至腐败不可食。众庶街巷有马，阡陌
天堆放，以至于腐烂不能食用。百姓在街头巷尾都蹓着马，田野中的马更是成群结队，而乘母马的人便要
之间成群[9]，而乘字牝者傧而不得聚会。守闾阎者食粱肉，
受到人们的排斥不得参加聚会。国家富足，看守里巷的差役吃的都是细粮肉食；社会太平，官吏不轻易调

---

1 孝惠：刘邦子，汉惠帝刘盈。高后：汉高祖皇后吕雉。
2 弛：放宽。
3 漕转：由水陆运粮往京师。山东：泛指崤山（今河南省洛宁县北）以东广大中原地区。
4 中都官：京师诸官府。
5 京师之钱：指禁钱，即少府及水衡所掌管的钱币。巨万：大万，即万万。
6 贯：穿钱的绳索。校：计数。
7 太仓：朝廷设在京师的粮仓。陈陈相因：粮未用又堆上新粮。相因，互相叠压。
8 露积：仓廪堆放不下，露天堆积。
9 阡陌：田间小道，此代指田野。

为吏者长子孙，居官者以为姓号。故人人自爱而重犯法，
动，在任所把子孙养大，做官的人久任其职，便以官名作为自己的姓氏名号。因此，人人都懂得自爱，不

先行义而后绌耻辱焉[1]。当此之时，网疏而民富[2]，役财骄溢，
轻易犯法，把行义看作是首要的事，鄙视那些耻辱的行为。这时期，法律宽疏，百姓富足。有的凭借钱财，

或至兼并豪党之徒，以武断于乡曲。宗室有土[3]，公卿大夫
骄横放纵，有的甚至兼并土地；豪强恶党之徒，仗其财势横行乡里；从皇室宗亲，到有封地的诸侯和公卿

以下，争于奢侈，室庐舆服僭于上，无限度。物盛而衰，
大夫以下，争相奢侈，住宅、车马、冠服超越自己的等级，没有限度。事物发展到鼎盛就走向衰败，本来

固其变也。
就是必然的变化。

自是之后，严助、朱买臣等招来东瓯，事两越，江淮
从此以后，严助、朱买臣招徕东瓯，平定两越，江淮之间耗费繁多，一片萧条。唐蒙、

之间萧然烦费矣。唐蒙、司马相如开路西南夷，凿山通
司马相如开通西南夷，劈山筑路千余里，以扩大巴蜀与外界的联系，巴蜀百姓疲惫不堪。彭

道千余里，以广巴蜀，巴蜀之民罢焉[4]。彭吴贾灭朝鲜，置
吴贾灭了朝鲜，设置沧海郡，燕、齐一带因而受到极大的扰动。及至王恢设谋在马邑伏击匈

沧海之郡，则燕、齐之间靡然发动。及王恢设谋马邑，
奴，匈奴断绝与汉和亲，侵扰北部边境，战争接连不断，不能和解，天下百姓苦于繁重的劳

匈奴绝和亲，侵扰北边，兵连而不解，天下苦其劳，而
役，而战争仍与日俱增。出征的人要自带衣食，居家不出征的输送军需，全国上下纷扰骚动，

---

1 先：首务。后绌（chù）耻辱：把搞耻辱勾当视为低贱而自觉排斥之。绌，通"黜"，摈弃。
2 网疏：法令宽大。
3 宗室：指皇帝的宗族，汉诸侯王。有土：有封邑。
4 罢（pí）：通"疲"。

干戈日滋[1]。行者赍，居者送，中外骚扰而相奉，百姓抏弊
以供应战争，因此百姓贫敝，用巧诈的办法来钻法令的空子，国家财物消耗衰竭而不够用。
以巧法[2]，财赂衰耗而不赡[3]。入物者补官，出货者除罪，选
于是缴纳物资者可以做官，捐献金钱者可以免罪，通过选拔任用官吏的制度日益衰颓，人们
举陵迟，廉耻相冒[4]，武力进用，法严令具。兴利之臣自
假冒欺诈，不顾廉耻，而有武力强权的人被重用，法律也越来越严苛和完备。谋利之臣在这
此始也[5]。
种情况下出现了。

其后汉将岁以数万骑出击胡，及车骑将军卫青取匈奴河南
此后，汉将每年以数万骑兵出击匈奴，直到车骑将军卫青攻取匈奴河套地区，在那里修筑了朔方城。
地[6]，筑朔方。当是时，汉通西南夷道，作者数万人[7]，千里负担
同时，汉朝正在打通西南夷的道路，动用数万人，千里迢迢肩扛担挑运送粮食，大约出发时十余钟的粮食（一
馈粮[8]，率十余钟致一石，散币于邛僰以集之。数岁道不通，蛮
钟为六石四斗），运到时只有一石，于是只好在邛、僰等地散发钱币来征集。几年下来，道路没能打开，
夷因以数攻，吏发兵诛之，悉巴蜀租赋不足以更之[9]。乃募豪民
蛮夷乘机屡次进犯，官府发兵讨伐，全部拿出巴蜀的租赋也不足以支付军事费用。于是招募豪民在南夷

---

1 干戈日滋：战争一天天多起来。滋，增长。
2 抏（wán）弊：凋敝。抏，耗。巧法：钻空子利用法令投机取巧。
3 不赡：不够用。
4 廉耻相冒：黑白不分。冒，通"贸"，互易。
5 兴利之臣：即想方设法与民争利之臣。此指桑弘羊、孔仅之属。
6 河南地：今内蒙古河套地区。公元前127年，卫青击胡，收复河南地。
7 作者：服劳役的人。
8 馈粮：提供和运送粮食。
9 更：偿。

田南夷[1]，入粟县官，而内受钱于都内。东至沧海之郡，人徒之
屯田耕种，收获的粮食卖给当地官府，由国库支付粮款。向东开凿到沧海郡的道路，人役的费用与用于

费拟于南夷。又兴十万余人筑卫朔方，转漕甚辽远，自山东
南夷的相等。又征调十余万人修筑并守卫朔方城，水陆运输路途十分遥远，从太行山以东都承受了劳役

咸被其劳，费数十百巨万，府库益虚。乃募民能入奴婢得以
之苦，耗费十万万到上百万万巨资，国库更加空虚。于是招募百姓有能捐献奴婢的可终身免劳役，已为

终身复[2]，为郎增秩，及入羊为郎，始于此。
郎官的增加其品级，另外献纳羊者为郎官，就始于此时。

其后四年，而汉遣大将〔军〕将六将军[3]，军十余万，
过了四年，汉派遣大将军卫青统率六位将军和军队十多万人，攻击匈奴右贤王，杀

击右贤王，获首虏万五千级[4]。明年，大将军将六将军仍再
敌和俘获一万五千人。第二年，大将军又率六将再次攻击匈奴，杀敌和俘获了一万九千

出击胡，得首虏万九千级。捕斩首虏之士受赐黄金二十
人。赏赐杀敌有功将士黄金二十余万斤，被俘的数万人也都得到重赏，他们的衣食也靠

余万斤，虏数万人皆得厚赏，衣食仰给县官；而汉军之士
政府供给。而汉军兵士、马匹死伤有十多万，兵器甲仗等物和水陆运输的费用还不算在

马死者十余万，兵甲之财，转漕之费不与焉。于是大农
内。于是大司农向上陈情，钱库已经耗尽，赋税收入已经枯竭，仍不够供应战士的需要。

陈藏钱经耗，赋税既竭，犹不足以奉战士。有司言："天
主管官员奏道："天子说：'朕听说，五帝的教化不一样，天下同样治理得很好，禹和

---

1 田：通"佃"。耕种，这里指屯田。
2 终身复：免除终身的徭役。
3 大将：指大将军卫青，"大将"下脱"军"字，据下文补。六将军：苏建、李沮、公孙贺、李蔡、张次公、李息。
4 首虏：斩获敌人的首级。

子曰：'朕闻五帝之教不相复而治，禹、汤之法不同道而
_{汤所用的方法不同，但都能王天下；走的道路虽不同，但建立的德业是一样的。现在北}
王；所由殊路，而建德一也。北边未安，朕甚悼之。日
_{方边境未得安宁，朕深感悲伤。前些日子，大将军进攻匈奴，斩首和俘虏敌人一万九千}
者，大将军攻匈奴，斩首虏万九千级，留蹛无所食。议
_{人，这些将士仍在屯驻，缺乏粮食。你们商议一个办法，让百姓出钱买爵位和缴纳赎}
令民得买爵及赎禁锢免减罪。'请置赏官，命日武功爵[1]。
_{金减免囚禁等罪刑。'据此，请设置赏官，名为'武功爵'。武功爵每级价格十七万，}

西汉朝廷用钱可以赎罪

1 武功爵：汉武帝创设的赏功官爵，实质仍是卖钱的官爵。共十一级，一级曰造士，
  二级曰闲舆卫，三级曰良士，四级曰元戎士，五级曰官首，六级曰秉铎，七级曰千
  夫，八级曰乐卿，九级曰执戎，十级曰左庶长，十一级曰军卫。

级十七万，凡值三十余万金。诸买武功爵官首者试补吏，
总共价值三十多万金。凡是买武功爵到'官首'一级的可试用为候补官吏，优先任用；

先除；千夫如五大夫，其有罪又减二等，爵得至乐卿，以
买武功爵'千夫'一级的，相当于五大夫待遇，有罪的可减二等，买爵最高可到'乐卿'，

显军功。"军功多用越等，大者封侯卿大夫，小者郎吏，
用此办法筹款奖励军功。"而军功大多越级授爵，大者封侯或授卿，小者为郎吏。这样一来，

吏道杂而多端，则官职秏废[1]。
官吏任用的途径就多且杂乱，官职也就荒废了。

---

1 官职秏废：官职混乱败坏。

汉文帝重农躬耕籍田

在我国古代帝王中,西汉孝文帝是一个颇有作为的皇帝。他勤于政务,善于纳谏,注重节俭,减免刑罚,轻徭薄赋,尤其是他重视农业,亲自躬耕籍田,更是一段千古佳话。

汉文帝刘恒,是高祖刘邦的第四个儿子,即位于公元前179年。他即位之时,尽管距高祖建汉近四十年,但由于战争创伤过大,社会生产还未完全恢复过来:全国有大片可耕之地未得以开垦,无数山川河流也未得到很好地利用,更有一大批无业流民未从事生产,国家和百姓的积蓄也少得可怜,碰到天灾之年,百姓还得卖爵卖子。即位后的文帝并不是享受,而是苦苦深思,怎样才能改变这一局面,使自己的统治长治久安,使天下百姓安宁。

至此,文帝在白天勤于处理朝政,虚心听取大臣们的建议。晚上躺在床上也辗转反侧,考虑如何能做到国泰民安。当时的一些有识之士如贾谊、晁错等,也深刻认识到当时的严峻形势,纷纷上书文帝,要求重视农业,发展生产,增强国力。

博士贾谊在其奏疏中力谏,农业生产和粮食贮积是国家的命脉所在,关系到国家的生存安危。现太平之时,圣上应让那些未从事农业的商人、流民回归田里,以农业为本,努力耕种,生产更多的粮食。如此则人民富足,国家强盛,皇帝的统治就会牢固永存。

文帝看完奏折后深受感动和启发，认识到农业应为天下之根本，固本则固国、丢本则失国的道理，并决心为天下百姓做出榜样。那么又怎样来做好榜样呢？当天晚上文帝便在书房来回踱步，苦思冥想这个问题。突然文帝看到了书架上那捆竹简，上面记载了周公是怎样开籍田、行籍礼以激励农业生产的。文帝如获至宝，十分高兴，一口气读了两遍，一条良策就在头脑中形成了：对，我就仿效周公亲自躬耕籍田，行籍礼，并从今年春天开始。

何谓籍田呢？籍田就是古代帝王、诸侯亲耕之田，是天子、诸侯供支持祭祀祖先费用的田地，天子千亩，诸侯五百亩。在西周初年，周公为了推动全国农业生产，做榜样，然后再按地域征召天下农民进行耕种。西周一直推行这一制度，但到春秋战国时期，因战乱而停止。汉文帝决定恢复这一制度。

汉文帝二年正月的一天，正是柳叶吐绿、春暖花开、万物复苏之时。这天春风和煦、晴天碧云，一派春和景明之气。一大早，文帝就来到朝堂。早朝的文武百官分列两班，正准备像往常一样奏事。不料文帝突然满脸笑容地说道："诸爱卿今天不用上奏了，朕今日也不想处理朝政。"诸大臣不由愣住了，你看我，我看你，猜想：今天是什么节日，放假休息吗？文帝看到大臣们疑惑的神色，郑重地问道："诸爱卿，农业是天下的根本，只有百姓富足、国库充实后，国家才能长治久安，你们说是吗？"诸大臣一致答道："皇上说得极是！"

文帝露出得意的神情说道："所以我决定大力发展农业生产，并想出了一条鼓励农业生产的好措施。"众大臣又一致说道："恭请皇帝明示！"文帝立即宣布："春耕之际已到，古时有开籍田，行籍礼。朕今日就和大家一起出去春耕，恢复自西周以来的籍田制。"文帝一说完，大臣们立刻活跃起来，齐声道："皇帝英明！"

当天上午，文帝便带领文武百官，拿着农具，乘车前往城郊的籍田。沿途的百姓闻知皇帝要亲耕，都感到高兴和好奇，纷纷奔向籍田，齐声高呼"万岁"。文帝被这场面所感动，当场宣布："从今年开始，每年都要举

汉文帝仿效周公躬耕籍田

行籍礼，开籍田。"话一说完，百姓们又欢呼起来，"万岁"声不断。

接着文帝便拿着铁耜走到前面的一块空地上，挽起袖子和裤腿，挥动铁耜，用力插进土里，又使劲向前推，认真地干开了。大臣们一看皇帝干得那么认真，也不得不紧随其后，努力耕种起来。文帝虽在宫里长大，未

从事过体力劳动，但毕竟才二十余岁，耕起来并不怎么觉得吃力。一些年老体弱的大臣推了两下，便力不从心，想歇息，但一看文帝仍然干得那么起劲，也不好意思闲下来，硬着头皮继续耕作。一会儿过去了，所有大臣按规定形式都干完了，但文帝仍然没停下来，一推一拔，脸上的汗珠直往外冒。在场所有的大臣都深受感动，"皇帝万岁，皇帝万岁"的呼声不断。文帝虽感到有些累，但格外开心。

这时太常掌故晁错趁机上书言皇上须重农抑商，务民于农桑，减轻赋税，加大积蓄，充实仓库，以备水旱和战争。并为文帝献上良策：用爵位换粮食以充实国库。文帝连连点头赞同，并下诏：天下须以务农为本，所有游民全部回归耕地上，从事农桑生产，奖励粮食生产多的百姓。

文帝通过恢复籍田制，鼓励农业生产的措施，取得很好的效果，充分调动了农民的积极性。当年全国土地开垦面积增加了，粮食增产不少。文帝又采纳了晁错的建议，下诏：规定农民可以用粮食换爵位，交粮越多，爵位越高。百姓们为获取爵位，纷纷努力耕种，致使家家富足，国库充溢，新仓堆满，旧仓腐烂。国库里的粮食可供全国官员和军队吃上好几年，真可谓民殷国富！文帝在始开籍田的同时，又下诏：连续十二年天下田租税减半，为三十税一。文帝十三年，又下诏：彻底免除全年的田税。这一措施得到了天下百姓的拥护，家家都贮藏有三五年的粮食。

文帝恢复的躬耕籍田制，一直持续下去，汉景帝延续了这一制度，继续鼓励农业生产，从而使西汉出现了夜不闭户、道不拾遗的盛世局面——"文景之治"。

孝文本纪

(三年)正月,上曰:"农,天下之本,其开籍田[1],朕亲率
汉文帝三年(前177年)正月,文帝说:"农业是国家的根本,举行籍田的典礼,我要亲自带头耕种,

耕,以给宗庙粢盛[2]。"
用以供给宗庙祭祀用的黍稷。"

(十三年)五月,上曰:"农,天下之本,务莫大焉。今
汉文帝十三年(前167年)五月,文帝又说:"农业是国家的根本,是最大的国家事务。现今

勤身从事而有租税之赋,是为本末者毋以异,其于劝农之道未
勤劳从事农耕的人要交纳田租田税,农业为根本,工商为末业,都要交纳租税,是本末没有分别,这

备,其除田之租税。"
说明奖励农耕的措施还不完备,应当取消农业的租税。"

后六年……天下旱,蝗。帝加惠:令诸侯毋入贡,弛
汉文帝后元六年(前158年)……全国许多地方发生了旱灾、蝗灾。皇帝施加恩惠于天下:降旨

山泽[3],减诸服御狗马,损郎吏员,发仓庾以振贫民,民得
诸侯不要入贡,解除山林川泽的禁令以便利百姓,减少皇帝自己的衣服、车驾、狗马,裁减郎官、官吏、

卖爵。
官员的员额,发放国家粮仓的粮食以赈济贫民,爵位可以交易。

---

1. 籍田:天子亲耕之田,借以劝农。
2. 粢盛(zī chéng):黍稷为粢,在器中为盛。
3. 弛山泽:解除山泽之禁,令民樵采渔猎。

汉文帝重农躬耕籍田

游敖嬉戏如小儿状

这个故事讲汉文帝时，天下太平，老人生活无忧、返老还童、悠闲自得的样子。

在中国历史上，每遇天灾水旱往往人相食，史不绝书。可是在西汉文景之治（汉文帝、汉景帝）的时候，情景是另外一番模样。在田间地角、茅舍院坝，那些六七十岁的老头儿、老太婆，偕同孙儿相互追逐打闹，嬉戏玩耍。那情景，那模样，像少不更事的小孩儿一般。在那些老人们的家中，存放着足以度春荒的粮食，衣橱里也有着换洗的衣服。他们自给自足，活到六七十岁了，都没有到过集市，因为他们没有什么缺的东西需要买，也没有什么因为生计所迫需要卖。那时候，百姓安居乐业，物价平稳，粮食一石才十几文钱。整个中国大地人丁兴旺，富庶平安，一个村子连着一个村子，到处都能听到鸡鸣狗叫，绵延万里，着实有一些太平祥和的景象。这就是西汉史家给我们留下的文景之治时期的社会景况。

文帝为何有如此本领，把西汉治理得如此兴盛的呢？汉文帝刘恒是汉高祖刘邦的第四个儿子，根本与皇帝位子无缘。由于文帝生母薄太后出身寒微，并不受高祖宠幸，所以文帝被分封在荒凉的边境，与匈奴接壤的代郡为代王。谁承想，世事难料，机缘莫测。吕太后当政，诸吕擅权，等到吕太后一死，汉大臣发动政变，诛杀了诸吕。由于汉文帝刘恒在众多王子王孙中以仁孝宽厚名闻天下，被汉大臣选中做了皇帝。文帝在代

代国乡村贫困景象

国目睹乡村的贫困景象,亲自体会治理天下的不易,守成也很难,西汉帝国差点断送在吕氏手里。因此即位后兢兢业业,继续执行汉初的无为政治,约法省禁,轻徭薄赋,在他当政的二十三年中,无为政治,与民休息,贯彻得最好,国家日益兴盛,人民日益富裕,终于出现老年人无忧无虑地生活的太平景象。这里单说一件事,就可以看出汉文帝是怎样治国的。他真是时时刻刻在心里装着老百姓,在封建社会中是不多见的开明皇帝。

有一天将军陈武等人去见孝文帝,与孝文帝商议说:"南越和朝鲜,自秦朝时依附大汉做臣子，却在边界设置重兵，蠢蠢欲动，欲行谋反。高祖的时候天下刚刚平定，无法兴兵问罪，而现在陛下广施仁政，民殷国富，应趁着士兵人民都乐于效命的时候，讨伐叛逆，统一天下。"

孝文帝听了这些意见后，说了一番话，倒使陈武等人哑然无语。孝文帝神色庄重地说："我只能以文德治天下，兴兵征伐、惩罚叛逆的事，我还未想过。不过我想的是，从前刚好遭遇吕氏作乱，祸及汉室天下，各功臣宗室不嫌弃我，拥立我为皇帝，使我忝居天子之位，因此我诚惶诚恐，慎重行事，只怕不能当好这个皇帝，有误天下。再说战争是不祥之物，虽然可以凭借它达到目的，但只要一用兵，自己难免也会受到损耗和伤害。现在假若征讨南越与朝鲜，如何向天下百姓交代千里用兵的道理呢？况且先帝也知道役使百姓不能多，所以对这样的事没有放在心上，我又怎敢自认为有这方的才能呢？现在匈奴屡屡进犯，军士将吏已无法阻止，边境的人民，父子从军的时间很久了，我为此牵挂、悲伤、哀痛，没有一天不是这样。现在既然无法彻底解决匈奴进犯的难题，唯有派遣官员，巩固边防，同时与匈奴议和，互通使节，使北方边境得到休息与安宁，这成就已经很大了。你们就别再提用兵的事了。"

孝文帝是这样说的，在他在位的二十多年里，也是这样做的，即以文治天下。他不轻易用兵，让人民休养生息；他注重发展农桑，发展经济；体恤百姓，不叨扰百姓，减轻税负；废除酷刑，以仁德感化那些欲行谋反的诸侯。这就顺应了百姓的愿望，调动了百姓生产的积极性，所以使汉朝的经济得以迅速发展，人民的日子也就好过多了。所以太史公十分感慨地说：顺应百姓意愿而不扰乱，因此百姓得以安宁，这就是孔子所称道的有德君子吧！

▲ 清·佚名《圣寿齐天册·万民乐业》

律书

高祖有天下，三边外叛[1]；大国之王虽称蕃辅[2]，臣节

<small>汉高祖统一天下，边境上东南北三面都有外患；而大国的诸侯王虽然号称辅卫之臣，却没有尽到</small>

未尽。会高祖厌苦军事，亦有萧、张之谋，故偃武一休

<small>臣属的节义。这时高祖正对战争感到厌倦、痛苦，而又有萧何、张良出谋献策，所以停止战争，与民休息，</small>

息，羁縻不备[3]。

<small>对边境外患，只采取笼络策略，非必要情况，不打仗。</small>

历至孝文即位，将军陈武等议曰："南越、朝鲜自全

<small>历经两朝，至孝文帝即位后，将军陈武等上奏议说："南越、朝鲜，自从秦朝全盛时就内附为臣子，</small>

秦时内属为臣子[4]，后且拥兵阻厄，选蠕观望[5]。高祖时天下

<small>后来陈兵边境，阻塞道路，迟疑观望，伺机而动。高祖时，天下刚刚平定，人民才过上稍微安定的生活，</small>

新定，人民小安，未可复兴兵，今陛下仁惠抚百姓，恩泽

<small>不宜于再进行战争。现在陛下以仁爱恩惠抚养百姓，德泽广被于四海之内，应当趁着官民都乐意听命</small>

加海内，宜及士民乐用，征讨逆党，以一封疆。"孝文曰：

<small>效力的时候，征讨叛逆势力，统一天下。"孝文帝说："我只能任用文臣治理天下，没有考虑过用兵</small>

"朕能任衣冠[6]，念不到此。会吕氏之乱，功臣宗室共不羞

<small>的事情。从前遇到吕氏作乱，朝廷的功臣宗室都不以拥立为羞，使我居于本不应属于我的帝位，我经</small>

---

1 三边外叛：汉初匈奴、朝鲜、南越皆不内附，所以说"三边外叛"。
2 大国之王：指汉初所封韩信、彭越、黥布等异姓王国。
3 羁縻：牵制笼络。不备：不必戒备，即安宁，不打仗。
4 全秦：全国统一之秦，即秦强盛之时。
5 选蠕：蠢蠢欲动的样子。蠕（ruǎn），软体虫类爬行的样子。
6 任衣冠：信用士大夫，指重文治。衣冠，士大夫之称。

耻，误居正位，常战战栗栗，恐事之不终。且兵凶器，虽
常战战兢兢，唯恐王业中途发生变故。况且战争是恶事，虽然能实现夙愿，但战事一起，就必然劳民

克所愿[1]，动亦耗病，谓百姓远方何？又先帝知劳民不可烦，
伤财，怎么对得起边远蒙难的百姓呢？而且先帝都知道役使人民不宜过于频繁，所以不曾考虑过用兵

故不以为意。朕岂自谓能？今匈奴内侵，军吏无功，边
的事。我怎么敢自己逞能？现在匈奴入侵，将士抗击无功，边疆人民中父子长期手执兵器作战，因此，

民父子荷兵日久[2]，朕常为动心伤痛，无日忘之。今未能销
我常常为此悲伤哀痛，没有一天忘怀。目下既然不能抗拒匈奴，解除边患，但愿严阵以待，部署侦察哨卡，

距[3]，愿且坚边设候，结和通使，休宁北陲，为功多矣。且
与匈奴结好议和，互通使节，能使北部边境人民安居休养，这就是很大的功绩了。暂时先不要议论战

无议军。"故百姓无内外之繇[4]，得息肩于田亩[5]，天下殷富，
争的事情。"从此，百姓在境内外都免除了徭役，可以在自己的村落中休养生息，天下富足，谷米只

粟至十余钱，鸣鸡吠狗，烟火万里，可谓和乐者乎！
十几个钱一斛，鸡犬之声相闻，炊烟连绵万里，可以说已经达到和平快乐的境地了！

　　太史公曰：文帝时，会天下新去汤火，人民乐业，因
　　太史公说：文帝时，正当天下刚刚摆脱了战争的灾难，人人安居乐业，官府听任他们按照

其欲然，能不扰乱，故百姓遂安。自年六七十翁亦未尝
自己的愿望行动，而能尽量不扰乱他们，所以百姓都感到顺心安宁。六七十岁的老翁就没有到过

至市井，游敖嬉戏如小儿状。孔子所称有德君子者邪！
集市，而游玩戏乐就像小儿一样。汉文帝就是孔子所称赞的道德高尚的君子吧！

1　克：能。
2　荷兵：肩扛兵器，服兵役。
3　销距：消除边患。距，通"拒"，对抗。
4　内外之繇（yáo）：戍边作战称外繇，大兴土木称内繇。汉文帝对外和亲，对内轻徭薄赋，不事兴作，所以百姓无内外之繇。
5　息肩：弛去负担，喻徭役减轻。

▲ 晏子和孔子（明·佚名《孔子圣迹图》）

节俭故事 四则

晏子反辱楚王（明内府彩绘本《春秋五霸七雄通俗演义列国志传》插图）

晏子节俭重于齐

晏子，名婴，字仲，谥号平，是春秋时期齐国莱地夷邑（今山东省高密市）人。晏子以其能言善辩、节俭爱民深得齐灵公、庄公和景公的信任，是一个三朝元老重臣。晏子官高权重，但他从不自傲凌人，始终宽厚谦和，过着像普通人一样的生活，他吃饭从没有两道肉菜，妻子也从没穿过丝帛绸衣。晏子的生活节俭，简直到了苛刻的地步。有这样一个故事说，有一天，齐景公的一个大臣到晏子家中办事，正赶上晏子在吃饭，晏子就请客人一起留下来就餐。而晏子家人每次做饭都按人下米，有一定的数量，从不浪费一粒粮食。客人留下来一起吃饭，自然其他人都要少吃一些，这样家里的人谁也没吃饱。后来客人知道了这件事，并告诉了齐景公。齐景公听说日夜操劳的宰相过着这样俭朴的生活，认为是自己了解和关心不够，于是立即派人给晏子家中送去了许多粮食和金钱，可是，齐景公万万没有想到，晏子把粮食和金钱全部送回来。齐景公想，这是怎么回事？于是就亲自到晏子家中看个究竟。晏子首先谢过了齐景公对他的关心，并向齐景公禀告说："我官居宰相，家中并不缺少东西，一个大臣多拿了朝廷的俸禄，就应该有突出的业绩，为百姓多办事、为大家造福。如果我多拿了这些东西，那是无功受禄。更何况我家生活和老百姓比起来，要好得多。就是我收了这些东西，也是把它们存放起来。人要一死，再多的财产也带不走，财产也换了新主人。有头脑的人，谁肯干这些替别人保

晏子生活节俭

管钱财的傻事呢?"齐景公听了,笑了笑,点头称是。

晏子很关心人民的疾苦,时常劝谏国君。他非常幽默风趣,很会做说服工作。齐国刑罚很重,许多人受了刖刑,就是被砍了一条腿,成了残疾人,晏子劝齐景公废除刖刑,他等待时机,在不知不觉中表达这个意思。有一天景公对晏子说:"你的住宅靠近闹市,又低洼潮湿,我给你找一个清静的地方吧。"晏子认为时机已到,他循循善诱,引出讽喻废刖刑的话题。晏子谢绝齐景公说:"我的先人辈辈住在这里,我已经很荣幸能继承住在这里。况且身在闹市,随时可以买到我所需求的东西,我怎敢烦劳别人帮我搬家呢?"景公笑了,说:"你靠近闹市,知道物价的贵贱吗?"晏子感到正是向景公提出废刖刑的好时机,于是回答说:"假脚最贵,鞋子最便宜。

晏子劝齐景公不要迷信

因为被砍掉了脚的人,就争着买假脚;而没有脚的人,当然就不需要买鞋了。"齐景公听了,感到话里有话。从此,向国人宣布废止刖刑,不论何等罪过,都不要再用砍掉脚的肉刑。

有一年,齐国闹灾荒,大地都旱得裂了缝,庄稼种上,百姓愁得没办法。景公对晏子说:"我们收点费,向泰山求雨吧。老百姓虽然困难,叫他们拿钱求雨还是肯拿的。"晏子说:"求泰山有什么用,若是泰山有情感的话,它也早就受不了这么热的天气了。它如果要有下雨的本事,雨早就下了;它若是没这个本事,就是求它也没有用。"景公又说:"那么咱们求河神会怎么样?"晏子说:"这同样也是不顶用。河神如果有灵的话,水就该是它的国土,鱼鳖就该是它的百姓。现在天旱成这样,河水都干涸了,

▲ 南朝宋·陆探微《五岳图卷·泰山》

鱼鳖也都要死没了。如果它有本领下雨的话，我想不用求也该下了。"景公认为晏子讲得有理，于是他又问晏子："依你之见，该怎么办呢？"晏子一本正经地回答说："主公，我们无论如何，再不能征收苛税了，最好能想法减轻老百姓的负担。如果您能把仓库里的粮食拿出来一些，赈济灾民，再创造条件帮助他们打井挖泉，这样有了水抓紧春播，即使老天不下雨也会有好收成的。"齐景公连连点头，采纳了他的建议，就这样使全国人民度过了灾荒。齐国百姓也都十分感激晏子，说晏子是爱国爱民的好宰相。

管晏列传·晏婴

晏平仲婴者，莱之夷维人也[1]。事齐灵公、庄公、景公，

晏平仲名婴，是齐国莱地维夷人。辅佐过齐灵公、齐庄公、齐景公，以生活俭朴、办事精

以节俭力行重于齐[2]。既相齐，食不重肉[3]，妾不衣帛。其在朝，

明受到齐国人的敬重。他身为齐相，吃饭没有两样以上的肉食，侍妾不穿绸衣。他在朝廷上，国

君语及之[4]，即危言[5]；语不及之，即危行[6]；国有道，即顺命[7]；无

君和他说话，他总是正言无忌；没和他说到的事，他就直道而行；国君有法度，他就服从命令；

道，即衡命[8]。以此三世显名于诸侯。

没有法度，他就权衡斟酌，可行就行。因此他成为三朝元老，名声传扬于诸侯各国。

---

1 莱：古国名，在今山东省黄县东南。夷维：古邑名，即今山东省高密市。
2 重于齐：受到齐国人敬重。
3 重肉：两样以上的肉食。
4 君语及之：国君有话问他。
5 危言：正直地发表意见。
6 危行：正直地行事。
7 顺命：听从国王的命令行事。
8 衡命：权衡斟酌国王的命令行事。

▲ 大英博物馆藏《高臣图·萧何像》

萧何传家不治产

萧何是西汉的开国丞相，西汉建立，论功行赏，萧何位列群臣第一。萧何却从不居功自傲，时时谦虚谨慎，处处以身作则，赢得朝野一片赞扬声。萧何又教育子孙勤俭持家，传家不治产业，只到荒僻之地购置几顷薄田，使子孙足以养家而已。

萧何丞相越是俭约，为民请命，就越遭汉高祖刘邦忌疑，逼使萧何做出违心的贪财行为，引起百姓不满，汉高祖反而高兴起来。专制皇帝害怕丞相清廉得到民心，动摇自己的政权。伴君如伴虎，洁身自好也不行，这真是太平盛世的莫大讽刺。集权政治，天下乌鸦一般黑，在萧何的遭遇故事中，得到某些折光反映。

汉高祖十二年（前195年），汉高祖已步入了他的晚年。汉高祖身子骨日渐不行，而这时黥布反叛，诸将不是黥布对手，汉高祖御驾亲征。萧何兢兢业业办事，动员后方军民支援前线，像数年前征讨陈豨造反一样努力工作。有客人向萧何进言说："相国你就要有灭顶之灾了。您位极人臣，入关以来，孜孜不倦地为民办事，深得百姓拥戴。皇上现在很怕您在关中闹事啊！您为什么不买点田产，用贱价强赊，在百姓中留下坏名声，让皇上安心呢？"萧何听了这些话，心中可犯了难。萧何一向以节俭闻名，平时很少置办家产，若是不得已买一些田地或住宅，也总是挑选贫穷偏僻的地方。他常对家人说："后代子孙贤德，效法我的节俭，后代子孙不成才

萧何故意入监狱

也守不住祖先的财产,还不如现在不置产业。"他是这样说的,也是这样做的。如今,萧何不得不采纳了宾客所进的"自污"之计,当了一回贪官污吏,强取豪夺。汉高祖班师回京,还未到京城,沿途百姓拦路告状,说丞相萧何强买田宅,汉高祖非常高兴。回到京城,丞相萧何拜贺高祖胜利回来,汉高祖把一大沓告状折子交给萧何,笑着说:"丞相的事,自个去处理吧。"萧何见高祖心情畅快,趁机为民请命说:"关中人口增多,有许多百姓没地耕种,皇家禁苑上林园太空旷,请允许无地的百姓到园中开荒樵采。"萧何真是连"污吏"也演不好,真实本性又不自觉露了出来。汉高祖立即变了脸色,勃然大怒说:"好一个贪污犯,又来打我的主意。"说毕喝令将萧何拿下,打入狱中。群臣闻变大惊,多方劝谏高祖,萧何终于被

萧何传家不治产　103

释放。汉高祖也觉得愧对萧何,他解嘲地说:"我故意把丞相抓起来,好让老百姓知道,我是一个暴虐的桀纣之主,丞相才是好样的。"话中有话,暗示萧何不要把人缘搞得太好,臣下廉洁自好,皇上不放心。

打这事以后,萧何更加小心谨慎,不治产业,不留富厚给子孙。可见,贪婪腐败跟萧何是绝缘的。

萧相国世家

汉十二年秋，黥布反，上自将击之，数使使问相国何为。

> 汉王十二年（前195年）秋天，黥布造反，刘邦又亲自带兵征讨，同时又多次派人询问相国萧何在

相国为上在军，乃拊循勉力百姓，悉以所有佐军，如陈豨时。

> 干什么。萧何因为皇上在指挥平乱，就抚慰勉励百姓努力耕作，把财物都拿出来支援部队，就像平息陈豨

客有说相国曰："君灭族不久矣！夫君位为相国，功第一，可复

> 叛乱时一样。有位门客劝谏萧何说："你不久就要遭到灭族之灾了！你位居相国，功劳第一，还能增加什

加哉？然君初入关中，得百姓心，十余年矣，皆附君，常复孳

> 么呢？然而你刚刚到关中，就得到老百姓的拥护，十多年来，人民都依附你了，现在你还努力不倦地去赢

孳得民和。上所为数问君者，畏君倾动关中。今君胡不多买田

> 得人民的拥护。皇上所以多次派人慰问你，是害怕你在关中的威望太高。现在你为什么不多买些田地，做

地，贱贳贷以自污？上心乃安。"于是相国从其计，上乃大悦。

> 些放债之类的卑贱之事来败坏自己的名誉？这样皇上就会安心了。"于是萧何依计行事，刘邦果然非常高兴。

上罢布军归，民道遮行上书，言相国贱强买民田宅数

> 刘邦平定黥布的叛军回来时，老百姓纷纷拦路上书告状，说相国萧何用低价强行购买农民的田

千万。上至，相国谒。上笑曰："夫相国乃利民！"民所上

> 地数千万。刘邦到了京城，相国萧何去朝见。刘邦笑着说："那相国的职权是要利民的！"并把老百

书皆以与相国，曰："君自谢民[1]。"相国因为民请曰："长安地

> 姓的告状书都给萧何看，说："你自己去向百姓认罪吧！"萧何就趁机替百姓求请说："长安一带土

---

[1] 谢：认罪。

萧何传家不治产　　105

狭，上林中多空地，弃，愿令民得入田[1]，毋收槀为禽兽食。"

地狭窄，上林苑中却有许多空地，荒废很久了，是否能让百姓到那里去耕种，不要只让长草来喂养禽

上大怒曰："相国多受贾人财物，乃为请吾苑！"乃下相国廷

兽。"刘邦大怒，说："相国一定接受了商人的很多贿赂，才会替他们来要我的上林苑。"于是就把

尉[2]，械系之[3]。数日，王卫尉侍[4]，前问曰："相国何大罪，陛下

萧何交给廷尉处理，廷尉给萧何带上刑具关押起来。几天以后，有个姓王的卫尉在刘邦身边当差，小

系之暴也？"上曰："吾闻李斯相秦皇帝，有善归主，有恶自

心问道："相国犯了什么大罪，陛下突然把他抓了起来？"刘邦说："我听说李斯做秦始皇的丞相时，

与。今相国多受贾竖金而为民而请吾苑，以自媚于民，故系

有功劳都归于皇帝，有过错都自己承担。现在相国萧何却大量接受商人的贿赂，为他们求我的上林苑，

治之。"王卫尉曰："夫职事苟有便于民而请之，真宰相事，

这是向民众讨好，所以把他抓起来治罪。"王卫尉说："在职权范围内如果碰到对百姓有利的事，而

陛下奈何乃疑相国受贾人钱乎！且陛下拒楚数岁，陈豨、黥

为他们请求，这正是宰相应做的事，陛下怎么会怀疑相国接受了商人的钱财呢？再说陛下与楚相争多

布反，陛下自将而往，当是时，相国守关中，摇足则关以西

年，陈豨、黥布叛乱时，陛下又亲自率兵征讨，那个时候，相国萧何独守关中，只要稍微动一动，那

非陛下有也。相国不以此时为利，今乃利贾人之金乎？且秦

么函谷关以西早就不属于陛下了。相国不在那个时候谋私利，如今怎么会看上商人的钱呢？秦始皇正

以不闻其过亡天下，李斯之分过，又何足法哉？陛下何疑宰

因为不愿听到批评而丢掉了天下，李斯把过失揽在自己身上的做法，又怎么值得效法呢？陛下怎能怀

---

1 田（diàn）：耕种。
2 廷尉：九卿之一，汉代最高司法官。
3 械系之：给萧何带上了刑具。
4 卫尉：九卿之一，掌宫廷门卫。

相之浅也!"高帝不怿[1]。 是日,使使持节赦出相国。 相国年
疑宰相是那样浅薄的人呢!"刘邦听了不太高兴。这一天,刘邦派人拿着皇帝的符节赦免了相国萧何。

老,素恭谨,入,徒跣谢[2],高帝曰:"相国休矣! 相国为民请
萧何年纪大了,平时一向谦恭谨慎,入宫时,去冠赤脚向刘邦认罪,刘邦说:"相国算了吧!相国为

苑,吾不许,我不过为桀纣主,而相国为贤相。 吾固系相
老百姓请求上林苑,我不同意说明我不过是像桀纣一样的君主,而相国才是贤明的。我故意把你关起来,

国,欲令百姓闻吾过也。"
是想让老百姓都知道我的过错。"

何置田宅必居穷处[3],为家不治垣屋。 曰:"后世贤,师吾
萧何购买田地房屋都选择在偏僻的地方,造房子也不修建有高大围墙的宅第。并且说:"后代如

俭;不贤,毋为势家所夺。"
果贤能,就学习我的俭朴作风;如果不成器,家产也会被权贵势要所抢夺。"

孝惠二年,相国何卒,谥为文终侯。
汉惠帝二年(前193年),相国萧何死了,谥号是文终侯。

---

1 不怿(yì):不悦。
2 徒跣(xiǎn)谢:去冠赤脚前来认罪。
3 穷处:偏僻的地方。

宣曲任氏巨富俭约

财富从哪里来？是开源，扩大生产创造财富为先；还是节流，俭约积累为先？二者并重，还是有先有后，即谁是第一性？抽象争论，没有意义，只有实践才能提供证据。这不是理论探讨，而是指导生活。

司马迁写《货殖列传》，二者并重，讲了许多货殖故事，要增值财富，农不如工，工不如商，刺绣文，不如绮市门。经商有的赚钱，有的亏本，因此巧者有余，而拙者不足。显然，财富从生产中来，从经营中来，还要使巧劲，这开源是第一性的。

财富的积累，由小到大，涓涓细水，汇成河流。勤俭节约是持家之本，忘了根本，丢了积累，财富就流失了。力田耕作，日积月累，也能发家。挑货郎担的、卖针线的、磨刀的、开小饭馆的，诸多杂业，只要勤俭用力，也能发家。这是治生之本，没有根本，没有奇巧。在这个意义上俭约也可以说是第一性的。

司马迁最后做了辩证的总结。他说："夫纤啬筋力，治生之正道也，而富者必用奇胜。"勤劳俭约是根本，是生产的基础。万丈高楼平地起，所以勤劳俭约是积累财富的正道。但是要发大财，单靠体力和智慧，单靠勤劳俭约是不成的，必须用奇胜，用心机，用谋略，最终是"千则役，万则仆"，积累剩余价值，由少数人来垄断财富。大概这就是自然规律吧。这个话题不多说了。书归正传，回到俭约这个题目上来。勤俭不能产生资本家,因为勤俭只是个人的劳动,资本增值是占有剩余劳动,是剥削的积累。不过这积累来的财富是挥霍了还是投入再生产,这也是本质的区别。投入再生产,造福社会,这持有资本的人就成了真正意义的社会管理者了。汉代宣曲县有个姓任的大富翁,就是靠勤俭起家的。任氏祖上只是一个粮仓管理员,在秦汉社会动荡时期,别人储藏金玉,任氏储藏粮食,在楚汉战争最激烈的那两年,一石米卖一万钱,粮食变成了黄金,甚至比黄金还贵重,任氏运用了巧思,看准了时局,捕捉了机会。任氏种地、放牧,粮食田畜都取优良品种,舍得投资,商品质优,卖了好价钱。

任氏和僮仆一起吃饭

宣曲任氏巨富俭约

任氏投资舍得花钱，而生活极其简朴，与用事僮仆吃一锅饭，一同劳动。正是凭着这精神，任氏成了巨富，富了仍不忘俭约，不忘拼搏。这里，俭约是创业的象征，是拼搏的精神。任氏巨富，生活不奢，因此得到皇上的尊重，乡亲的歌颂。

货殖列传

宣曲任氏之先[1],为督道仓吏[2]。秦之败也,豪杰皆争取
<small>宣曲任氏的祖先,任督道县的粮仓看守。秦朝衰败的时候,豪绅富有的人争相夺取金银</small>
金玉,而任氏独窖仓粟。楚汉相距荥阳也,民不得耕种,
<small>珠玉,而唯有任氏窖藏粮食。后来楚汉两军在荥阳相持,农民不能耕种,米价涨到一石卖万钱,</small>
米石至万,而豪杰金玉尽归任氏,任氏以此起富。富人争
<small>那些豪绅富人所藏有的珠玉全都流归任氏所有,任氏以此成为巨富。有钱人攀比奢侈,而任氏</small>
奢侈,而任氏折节为俭,力田畜[3]。田畜人争取贱价,任氏
<small>不摆阔仍然俭约,努力耕种和养殖牲畜。种粮养牲的人们,用低价买粮种和母畜,只有任氏用</small>
独取贵善,富者数世。然任公家约:"非田畜所出弗衣食,
<small>高价买优质粮种和母畜,保持了几代人的富有。任氏的家规俭约为先:"不是自己种田养殖的</small>
公事不毕则身不得饮酒食肉[4]。"以此为闾里率[5],故富而主
<small>东西不吃不用,没有做完公事不得饮酒吃肉。"任氏成了乡邻的表率,因此,他富有而得到皇</small>
上重之。
<small>上的尊重。</small>

---

1 宣曲:地名,在今西安市西南。
2 督道:秦县名。
3 力田畜:努力耕种和养殖牲畜。
4 公事:家族公共事务。
5 闾里率:乡邻榜样。

公孙弘素食布被

在讲排场比富厚的高层官僚社会中，保持俭约也会遭忌，西汉武帝时丞相公孙弘提供了生动的例证。

公孙弘，字季，菑川国薛县人。少时家贫，曾在海边牧猪，奉养后母，因孝顺为乡人所重。公孙弘年四十才有机会读书，学习《春秋》，颇有心得。建元元年（前140年），汉武帝初即位，举贤良，菑川国保举公孙弘，对策当了博士，出使匈奴回家，不合汉武帝心意，被罢官回家。元光五年（前130年），公孙弘年已六十，汉武帝第二次举贤良，菑川国仍然推荐公孙弘，公孙弘被罢过一次官，起初不想去京师，地方长官执意推荐，公孙弘勉强到京师。没想到这次他时来运转，对策主考官阅卷，把公孙弘排名在最末，汉武帝亲自复阅，把公孙弘提升为第一名。公孙弘受了一次挫折，吸取教训，小事顺着汉武帝，大事仍坚持原则。得到汉武帝信任，没有几年，公孙弘由博士升为御史大夫，不久又升了丞相。汉初以功臣为相，功臣都封侯。公孙弘以布衣为相，没有爵位，汉武帝就封公孙弘为平津侯。从此，给汉朝丞相立了一个先例，凡丞相封列侯。这一事件影响非同小可，直接推动了整个汉代教育事业和经学的发展。公孙弘抱一经《春秋》，拜相封侯，成为榜样。

公孙弘很有心计，他外表宽厚，内里记恨，得罪了他，暗中报复，使你不知不觉。主父偃被杀,董仲舒被贬,都是公孙弘背后使的劲。为此,一个耿直的大臣汲黯看不惯,经常在朝堂之上当着汉武帝和众大臣的面,不留余地抨击公孙弘,指责公孙弘诈伪。公孙弘非常高明,他不反驳汲黯,而是称赞汲黯,表现出大度的样子,汉武帝很欣赏。汲黯越骂公孙弘,公孙弘越受重用。

公孙弘背后给汲黯使绊子,调汲黯做右内史。右内史皇亲国戚多,汲黯耿直,一定遭受皇亲国戚的攻击而有杀身之祸。公孙弘想借刀杀人,但没如愿。汲黯忠诚,汉武帝心知,谗言打不倒汲黯,但最终汲黯贬到了淮阳,死在任上。

公孙弘明哲保身,阿谀皇上,这是他的缺点,也可说是过错,汲黯抨

对公孙弘截然不同的评价

公孙弘素食布被

击也是对的。但汲黯太刚直,他不分青红皂白,把公孙弘的优点也说成缺点,不仅不对,而且恰好替公孙弘巩固了地位。这是汲黯所始料不及的。

公孙弘少小贫困,做了三年大臣后,不忘根本,盖粗布被子,饮食节俭,把俸禄都用来周济穷亲戚、朋友,也用来资助士人,由此公孙弘获得了好名声。

俗话说"宰相肚里能撑船",公孙弘的宽容、耐性一般无人可比。对此有褒有贬。褒者说公孙弘有修养,宽宏大度;贬者如汲黯,认为公孙弘装模作样,没皮没脸,用今天的民间语说叫"滚刀肉",说得粗点,叫"死猪不怕开水烫"。公孙弘的官僚嘴脸,被汲黯活灵活现地勾画了出来。

公孙弘的俭约应该称赞,这一美德应该弘扬。公孙弘的圆滑、饰诈也应予批判。

平津侯主父列传

丞相公孙弘者，齐菑川国薛县人也，字季。少时为薛狱
_{丞相公孙弘，是古代齐国地方菑川国薛县人，他的表字叫作季。他年轻时在薛县做过狱吏，后来}

吏，有罪，免。家贫，牧豕海上。年四十余，乃学《春秋》
_{因为犯罪被免了职。他家里很穷，只好在海边放猪。四十多岁的时候，才开始学习《春秋》和各家学说。}

杂说[1]。养后母孝谨。
_{他奉养后母十分谨慎孝顺。}

建元元年，天子初即位，招贤良文学之士。是时弘年
_{汉武帝建元元年（前140年），皇上刚刚即位，下诏征召贤良文学之士。这时公孙弘已经六十岁}

六十，征以贤良为博士。使匈奴，还报，不合上意。上怒，
_{了，他以"贤良"的身份被征入朝廷做了博士。后来朝廷派他出使匈奴，回来报告工作，不合武帝的心意。}

以为不能，弘乃病免归。
_{武帝很生气，认为他无能，而公孙弘自己也借口有病而免官回家了。}

元光五年，有诏征文学，菑川国复推上公孙弘。弘
_{汉武帝元光元年（前134年），再次征召贤良文学之士，菑川国又推举公孙弘。公孙弘向人们辞谢}

让谢国人曰："臣已尝西应命[2]，以不能罢归，愿更推选。"
_{道："前些年我已经应命去过长安，由于不能办事，所以被罢官，这回还是请你们另推他人吧。"但人们}

国人固推弘。弘至太常，太常令所征儒士各对策，百余
_{还是坚决推举公孙弘。公孙弘到了太常府，太常让应征儒士献上策问文章，应征的一百多人中，公孙弘的}

---

1 杂说：杂家之说，兼儒墨名法。
2 臣：谦称。

115

人，弘第居下[1]。策奏，天子擢弘对为第一。召入见，状貌
<small>对策被排在了下等。待文章交上去后，武帝把公孙弘的文章提到了第一。于是公孙弘被宣召，武帝见他相</small>
甚丽，拜为博士。是时通西南夷道，置郡，巴蜀民苦之，
<small>貌堂堂，就让他做了博士。当时朝廷正开拓西南夷，准备设置郡县，巴蜀之民们苦不堪言。为了弄清情况，</small>
诏使弘视之。还奏事，盛毁西南夷无所用，上不听。
<small>武帝派了公孙弘前去探视。公孙弘回来后，上书极力抨击开拓西南夷，认为没必要，但武帝不听。</small>

弘为人恢奇多闻[2]，常称以为人主病不广大，人臣
<small>公孙弘性情豁达，博闻广见，他常说，当皇帝的就怕气魄小，而做臣子的就怕太奢侈。因此他始终</small>
病不俭节[3]。弘为布被，食不重肉，后母死，服丧三
<small>盖着一条布做的被子，吃饭时从不吃两样的肉菜。他的继母死后，他为她守孝三年。每次朝廷讨论问题的时候，</small>
年。每朝会议，开陈其端，令人主自择，不肯面折庭
<small>他总是把几种解决方案都列出来，让皇上自己选择，从来不当面批评皇上或当众与皇上争论。武帝经过观察，</small>
争。于是天子察其行敦厚，辩论有余，习文法吏事，
<small>认为他诚朴宽厚，能言善辩，熟悉各种规章条文以及种种官场事务，尤其是他能够千方百计地用儒家的学</small>
而又缘饰以儒术[4]，上大说之。二岁中，至左内史。弘
<small>说把这些装点起来，因此武帝非常喜欢他。两年之内，他就做到了左内史的高官。公孙弘向武帝禀奏事情，</small>
奏事，有不可，不庭辩之。尝与主爵都尉汲黯请间，
<small>凡遇到武帝不同意的，他绝不当众争辩。他曾有一次和主爵都尉汲黯一起去向武帝单独奏事，汲黯先说，</small>
汲黯先发之，弘推其后，天子常悦，所言皆听，以此
<small>公孙弘随后跟着，武帝听了很高兴，所奏的事情都批准了，而公孙弘也从此越来越受到信任，地位越来越</small>

---

1 第：考试（对策）的名次。
2 恢奇：雄伟奇异。
3 病：短处。公孙弘认为，人主最忌的短处是度量不广大，人臣最大的短处是生活不节俭。
4 缘饰：装饰。骨子里为法家，表面上装饰儒家的辞令。

日益亲贵。尝与公卿约议，至上前，皆背其约以顺上
高。有一次他曾和公卿大臣们预先商量好了一套办法，可是等他到了武帝跟前时，竟完全违背了预先约定，

旨。汲黯庭诘弘曰："齐人多诈而无情实，始与臣等建
而专门顺着武帝的意思去说了。于是汲黯当众指责公孙弘说："齐国人诡诈多端没有一点诚意，当初他和

此议，今皆背之，不忠。"上问弘。弘谢曰："夫知臣
我们一起商量好的意见，现在完全倒过来了，这简直是不忠。"武帝问公孙弘有无此事，公孙弘说："了

者以臣为忠，不知臣者以臣为不忠。"上然弘言。左右
解我的就说我忠，不了解我的就说我不忠。"武帝一听，立刻又相信了。武帝左右的宠幸们也有人说公孙

幸臣每毁弘，上益厚遇之。
弘的坏话，但武帝对公孙弘越来越好。

元朔三年，张欧免，以弘为御史大夫。是时通西南
武帝元朔三年（前126年），御史大夫张欧被免官，公孙弘做了御史大夫。当时朝廷正忙于在西南经营

夷，东置沧海，北筑朔方之郡。弘数谏，以为疲敝中国
西夷、南夷，在东方准备新设沧海郡，在北方正修筑朔方城。公孙弘对此多方劝谏，他认为这些活动都是拿着国

以奉无用之地，愿罢之。于是天子乃使朱买臣等难弘
家的人力物力去往那些没有用的地方扔，他请求迅速停止。于是武帝就让朱买臣等驳斥公孙弘，力陈设置朔方

置朔方之便。发十策，弘不得一。弘乃谢曰："山东鄙
郡的好处。结果朱买臣等说出十条，公孙弘一条也答不上。最后公孙弘请求说："我是一个山东来的粗人，当初

人，不知其便若是。愿罢西南夷、沧海而专奉朔方。"
实在不知道筑朔方还有这么多好处。既然如此，那么我请求暂时停下通西南夷和置沧海郡这两件，而集中力量

上乃许之。
从事朔方郡这一项。"武帝同意了。

汲黯曰："弘位在三公，奉禄甚多，然为布被，
汲黯说："公孙弘身居三公的高位，拿着非常丰厚的俸禄，却盖布被子，这是故意骗人。"

公孙弘素食布被　　117

此诈也。"上问弘。弘谢曰:"有之。夫九卿与臣善
武帝问公孙弘,公孙弘说:"是这样的。在九卿当中与我交情深的莫过于汲黯,今天他当众责备我,

者无过黯,然今日庭诘弘,诚中弘之病。夫以三公
这的确是说中了我的毛病。我身为三公而盖布被子,实在是有些虚假,想以此来沽名钓誉。我听说

为布被,诚饰诈欲以钓名。且臣闻管仲相齐,有三
当年管仲做齐国丞相的时候,他同时娶有三个姓氏的女子,奢侈的程度可以与国君相比,齐桓公是

归[1],侈拟于君,桓公以霸,亦上僭于君。晏婴相景
靠着管仲才做了霸主的,齐桓公的排场也和周天子差不多了。后于晏婴给齐景公做丞相的时候,饭

公,食不重肉,妾不衣丝,齐国亦治,此下比于民。
桌上从来没有两个肉菜,婢妾们都不许穿丝织的衣服,齐国也治理得很好,晏婴是以下等百姓的生

今臣弘位为御史大夫,而为布被,自九卿以下至于小
活标准来要求自己的。今天我身为御史大夫,而盖布被子,都照我这样,那就使三公九卿与基层的

吏,无差[2],诚如汲黯言。且无汲黯忠,陛下安得闻
小吏们没有差别了,汲黯说得的确不错。再说如果没有汲黯这么忠心耿耿的人,陛下怎么能够听到

此言。"天子以为谦让,愈益厚之。卒以弘为丞相,
这样的话呢。"武帝觉得公孙弘真够谦虚退让的,于是就对他越来越好了。最后竟任命他做了丞相,

封平津侯。
封他为平津侯。

弘为人意忌,外宽内深[3]。诸尝与弘有隙者,虽佯与
公孙弘多疑善猜忌,表面宽容而内心阴险刻薄。对那些曾经和他闹过矛盾的人,他都表面上亲

善,阴报其祸。杀主父偃,徙董仲舒于胶西,皆弘之力
善友好,而暗中狠狠地报复他们。主父偃的被杀,董仲舒的被调任胶西王相,都是公孙弘干的。他自

---

1. 三归:三处府第。按,三归有多种解释,此取一说。
2. 无差:没有差等。
3. 深:阴险。

也。食一肉脱粟之饭[1]。故人所善宾客，仰衣食，弘奉禄皆

己不吃两盘肉菜，不吃精米，但他的许多老朋友和一些相好的门客，却都是仰仗着他过日子。公孙弘

以给之，家无所余，士亦以此贤之。

把自己的俸禄都用来供养他们，自己家里一点剩余也没有，因此他也深得许多士大夫的称赞。

元狩二年，弘病，竟以丞相终。

元狩二年（前121年），公孙弘病死，善终在丞相任上。

1　食一肉：只吃一样肉菜。脱粟之饭：粗米饭。

伍子胥潜度昭关（明内府彩绘本《春秋五霸七雄通俗演义列国志传》插图）

侠义故事

四则

渔父谢绝百金剑

伍子胥逃难过昭关，一夜发白，这是民间广为流传的故事，京剧《文昭关》演的就是这个故事。

伍子胥名员，字子胥，是春秋后期楚国人。其先祖伍举以直谏事楚庄王，功绩显著，致使他的后人在楚国也很有名望。伍员父亲伍奢，兄长伍尚，遭奸臣费无忌陷害，被好色昏庸的楚平王冤杀。楚平王还废了太子建。伍子胥与太子建外逃避难，先逃到郑国，因太子建参与非法的政治活动被郑定公诛杀，伍子胥就带着太子建的儿子熊胜逃奔吴国。吴、楚一向对立，楚平王也害怕伍子胥逃到吴国，就加强了对与吴国边界的边城哨卡的管制，并叫画工画了伍子胥的图像，悬赏捉拿。告发或捉拿伍子胥的人赏赐米五万石，并封大夫爵位；而窝藏或放纵伍子胥的人，满门抄斩。

伍子胥与公子熊胜，隐姓埋名，晓宿夜行，一日来到吴、楚交界的昭关（在今安徽省含山县西北小岘山），昭关守兵正按画像捕他，所以各处盘查很紧。伍子胥精神十分紧张，负担很重，心想如不能脱逃，不仅家仇不能报，太子建遗孤也不得脱，关系重大，他不敢再想下去。一连几天吃不好，睡不着，传说他愁得满头黑发全白了。可能由于他的忠心义胆，感动了上天，又使他们碰上了两个保护神：一个是东皋公，正当伍子胥在昭关走投无路，万分紧急之际，是东皋公大胆地把伍子胥和公子胜接到家里。伍员同公子胜拜东皋公说："以后倘有出头之日，定当重报！"东皋

昭关盘查严密

公说:"老夫哀君受冤,故欲相救,岂望报也!"更有幸的是东皋公有位好友,模样长相与伍员十分相像。于是东皋公冒死托挚友充伍子胥在前过关,伍员远随其后,加上他一头白发而面貌大变,乘机蒙混过了昭关。昭关守兵发现捉到的是假伍子胥,就立即派出几路追兵赶杀。伍子胥和公子胜"独身步走,几不得脱",官兵在后紧紧追赶。他俩一路奔跑,见前面一条大江拦住去路,伍员仰天长叹,心里万分焦急之时,又遇到一个大救星。一位老渔翁划着一条小船,两眼炯炯有神,见伍子胥情急,二话没说,赶紧将他俩引渡上船,划过江去。伍子胥对渔父万分感激,救命之恩,无以为报。立将身上所佩价值百金的防身剑解下,双手捧送给渔父说:"此剑为楚先王所赐,吾祖、父佩之三世矣,嵌有七星,价值百金,赠予老父做个纪念,以报答老父救命之恩!"渔父说:"我知道楚王为捕捉你,悬赏五万石粟米,并还答应给捕者或告发人大夫爵位。我对赏金与爵位都不贪图,还会贪图你这把价值百金的佩剑吗?"老人的侠义风骨,铮铮言辞,使伍子胥深深感动,连连向渔父赔礼,并收了佩剑说:"老父虽不望报,吾心何以自安?"渔父说:"今日相逢,子逃楚难,吾呼子为芦中人,子呼我为渔丈人,足为志记耳。"伍员拜辞老人,终于到了吴国。这一年是公元前522年。追兵至岸,见一小船,载伍子胥一行,扬帆远去,只得空手返回交差。

十七年后(前506年)伍子胥终于借吴兵攻破楚国,报了父兄之仇,扬

渔父谢绝伍子胥赠剑

渔父进食辞剑（明内府彩绘本《春秋五霸七雄通俗演义列国志传》插图）

名后世。楚国奸臣无忌，早被楚国处死。"渔父谢绝百金剑"，表现了一个普通平民见义勇为、舍身救人的高尚品德。这个渔父，受到世世代代人们的敬仰，他的名字没有传下来，他的形象却永远活在中华儿女的心中。

伍子胥列传

伍胥惧，与胜俱奔吴。到昭关[1]，昭关欲执之。伍胥遂与
_{伍子胥恐惧，与公子胜一起逃奔吴国。到了昭关，昭关的守备要捉拿他们，伍子胥就与胜两人丢}

胜独身步走，几不得脱。追者在后。至江[2]，江上有一渔父乘
_{掉随从单独逃跑，差一点脱不了身。追缉的人紧紧跟在后边。到了长江边上，江上有一个打鱼老头停靠}

船，知伍胥之急，乃渡伍胥。伍胥既渡，解其剑曰："此剑直
_{了一只船，问明了伍子胥的困境，就把他渡过江去。伍子胥过江后，解下他的佩剑，对渔翁说："这把}

百金，以与父。"父曰："楚国之法，得伍胥者赐粟五万石，爵
_{宝剑价值一百金，送给老人家。"渔翁说："楚国颁布了法令，捉拿到伍子胥将赏五万石粮食，封给执}

执珪[3]，岂徒百金剑邪！"不受。伍胥未至吴而疾，止中道，乞
_{珪璧的官爵，岂止是值一百金的宝剑？"没有接受。伍子胥还没到达吴国都城，又生了病，停留在半道，}

食。至于吴。
_{讨饭度日。终于到了吴国。}

---

1 昭关：山名，吴楚之界，两国因山为关。
2 江：长江。
3 执珪：楚爵名，功臣受封，赐以珪璧。

渔父谢绝百金剑

▲ 聂政刺杀韩相（清·冯云鹏、冯云鹓辑《金石索》）

聂政仗剑杀侠累

聂政刺杀韩相侠累的故事，发生在战国前期。韩烈侯三年（前397年），韩国宰相韩侠累（名傀），仗势欺人，目空朝野，搜刮民财，作威作福，国人上下敢怒不敢言。当时韩国大臣严遂（字仲子）对他不忿（不服气）。有一次严仲子当朝议政，公开指出某些朝臣的是非曲直，并当面批评韩侠累的严重错误，侠累无理地反击并辱骂了他。严仲子拔出宝剑追杀侠累，未能得手，经大家阻拦说解，使他俩的矛盾暂时缓和下来。此后，二人仇恨越发加深。严仲子担心被加害，于是便从韩国逃了出来，到各地周游访求能刺杀韩侠累的人。严仲子游访到了齐国，听说有聂政勇敢而且为人侠义，是个敢说敢做的男子汉，于是到聂政家去拜访他。

聂政是韩国轵（zhǐ）邑（今河南省济源市东南）深井里地方的人。他一生侠义，抱打天下不平事。因为在家乡杀了人，躲避报复，才同他的母亲和姐姐一起逃到了齐国。他靠屠宰牲畜卖肉，维持全家生活。当严仲子上门拜访时，聂政因为要养活老母，没有答应他的请求。后严仲子又三次请求，也是三次被聂政拒绝。不久，仲子又准备了极为丰盛的酒食，亲自抬送到聂政母亲面前，为其祝寿，举杯畅饮。酒至半酣，严仲子捧黄金百镒（一镒等于二十两）给聂政母亲，以表寿礼。聂政看到这样厚重礼物感到惊奇，坚决谢绝，不肯接受。严仲子一再要献，聂政只是百般推辞，说道："我很幸运，还有个年老的娘亲，家中虽说贫穷，然而我隐居异乡，以屠宰为业，每天收入，倒也可以买上些甘甜可口的食品孝敬母亲她老人家，并不感到缺少什么，怎么敢受您这份赏赐呢？"严仲子避开了旁人，单独跟聂政说："不瞒您说，我和人结了冤仇，逃亡在外，到过好几个国家，经过的地方不少了，但只是到了齐国，才听到像您这样侠义待人、为知己朋友敢说敢为的人。所以，我很敬佩您。我向令堂敬献酒食，作为祝寿，以表我的心意。借此表示我愿意同您结交个朋友，怎敢有什么别的要求呢？"聂政说："我之所以委身求全，消磨自己的志气，污辱自己的声名，隐居于屠市之列，只是为了奉养老母，使她得以安度晚年。今有老母在世，我不敢以身相许，为朋友捐躯，也望能得到人们的理解。"严仲子坚持一定要赠送，赠出之礼，怎能收回！聂政最后也未能接受。然而，仲子终于周到

聂政百般推辞

地履行了宾主相见的礼仪,恭恭敬敬地辞别了聂政一家。

又过了较长一段时间,聂政的母亲不幸亡故。聂政把母亲丧事处理完毕,守孝期满,孝服已除。有一天聂政感叹地自语:"唉!我只不过是一个街头小民,拿刀的屠夫,卖肉谋生的小贩。那严仲子是韩国的大官,诸侯的卿相,不远千里,屈劳车骑之苦,降低自己的身份,赶到齐国来和我交朋友。可是,我对他真是太差了。我没有对他出过什么力,怎敢当得起如此尊敬的礼遇?然而,他却还要赠送百金为我老母祝寿。虽然我没有接受这份礼物,但从中可以看出,仲子对我的心意是十分真诚的,也足以说明他深切地了解我,是我知心的朋友了。他这样贤明的君子,敢于对轻蔑自己的人愤怒,又能亲近和信任像我这样处于穷乡僻壤的平民,在人前低三下四的屠夫,这怎么不使我感动呢?他遇到了难处,我怎能对他的事全然不顾呢?他几次前来请求我,我因有老母亲在世,未能答应他。如今老母亲已经死去了,我应为知己去效我微薄之力了。"于是聂政独自上路,直奔卫国的濮阳,找到了严仲子,慷慨地对他说:"从前我几次拒绝您的邀请,只是因为我有老母亲在堂,现在她老人家已不幸病故,我再没有顾虑了,仲子您的仇人是谁,请说吧!我可以给您去办。"严仲子就把侠累和他作对的事详细地告诉给聂政,说:"我的仇人是当今韩侯的宰相侠累,他是韩侯的叔父,他的家族人多势大,家里戒备森严。我曾多次找人想去刺杀他,但都没有人敢。如今蒙您看得起,不嫌弃并肯于帮助我去办这件事,我为您配备车骑,增加壮士,跟您同去,做您助手,您看好吗?"聂政说:"韩国和卫国之间距离的路程不太远,现在我们的任务是去刺杀国相,这个宰相又是国君的亲属。而对这种情况去行事,万万不可人多,人一多就免不了要出岔子,出了岔子就必然会走漏风声,消息一旦透露出去,那么不仅事情办不成，而且还等于去发动全韩国的人来对付我们，那样不是太危险了吗？"就这样，聂政辞谢了车骑和随从，跟严仲子道过别，带着一把锋利宝剑，独自一人进入韩国。

聂政到了韩国，直奔都城。恰逢韩国宰相侠累正坐在府堂之上，周围持刀荷戟的武士很多。聂政挺身直入，毫无惧色，直上阶堂，刺杀了侠累。左右的护卫及服侍人员大乱。聂政大声喊叫，并砍杀死数十人。趁势剥去自己脸皮，剜出双眼，剖开肚皮，掏出肠子，壮烈死去。

韩国把聂政尸体露放在街市上，并出重赏查问凶手是谁，什么地方人，叫什么名字。但没人知道这凶手是谁家子弟。于是韩国在各处张贴

聂政成功刺杀侠累

告示：征求能说出是谁杀死韩相侠累的人，给赏黄金千斤。过了许多时日，仍没有人说知道。

聂政的姐姐聂荣，听说韩国国相被人刺杀而又认不出凶手是谁，韩国上下没有人知道杀人者的姓名，尸体陈列在街头示众，悬赏千金，访查招认。她自言自语说："恐怕那个人是我的弟弟吧！哎呀！严仲子和我的弟弟很熟！"于是她立刻起身前往韩国去看究竟。聂荣一见死者果然是弟弟聂政，便伏到尸体上大哭，哭得异常悲切哀恸。她边哭边说："这个人就是轵邑深井里人们传说的聂政啊！"街上来往的人都对她说："这人是刺杀韩国宰相的凶手，国王悬赏千金征求他的姓名。夫人您难道还没有听说吗？你怎敢前来认尸呢？"聂荣应答说："这些我都听说了。然而，聂政之所以自愿蒙受侮辱，把自己跟街头小贩们混在一起，是因为他有老母在堂，我还没有出嫁的缘故。现在娘亲已经去世，我也早已出嫁。那位严仲子却在穷困低微的小贩中，结识了我的弟弟，并视为心腹之友，倾心相交，这是多么深的恩情啊！常言说：ّ士为知己者死。'我的弟弟就是这样献出自己的生命！如今他又因为我这个姐姐还活着，免得我受牵累，遭到株连，就横下一条心摧残了自己肢体的面容，让人难以辨认，以断绝追究的线索。然而，妾身我怎能怕受连累，遭到杀身之祸而埋没弟弟的英名呢？"她这一番话使韩都市街上的行人大为震惊。聂荣哭得死去活来，终因悲哀过度而死在弟弟聂政的身边。亲眼见到这场面的人，没有一个不感动叹息的。

晋、楚、齐、卫等国人听说了聂政姐弟这壮烈动人的事迹，无不为之感叹，说："不仅聂政是一个敢说敢为的侠义之士，了不起的男子汉，他的姐姐聂荣也是一位坚强不屈的刚烈女豪，令人赞叹的巾帼英雄。"

"聂政仗剑杀侠累"这则历史故事，是赞颂聂政刺杀韩相侠累，为知己朋友报仇的侠义行为。今天看来这种不讲是非"士为知己者死"的观念，难免被人利用，是不可取的。我们做事应实事求是，分清是非，办事要符合原则。但对当时历史条件下的聂政来说，是不能苛求的。聂荣、聂政姐弟义不顾死的精神，还是值得赞扬的。

刺客列传·聂政

聂政者，轵深井里人也[1]。杀人避仇，与母、姊如齐，以屠
聂政是魏国轵县深井里人。因杀人避仇，带着母亲、姐姐逃到齐国，隐藏在屠

为事。
贩中间。

久之，濮阳严仲子事韩哀侯，与韩相侠累有郤[2]。严仲子恐
过了很长时间，卫国濮阳人严仲子出仕韩国，事奉韩哀侯，与韩国宰相侠累结下了仇。

诛，亡去，游求人可以报侠累者。至齐，齐人或言聂政勇敢
严仲子害怕被杀，逃离韩国，四处游历，访求可以报复侠累的人。到了齐国，齐国有人说聂政

士也，避仇隐于屠者之间。严仲子至门请[3]，数反[4]，然后具酒自
是一个勇士，为了躲避仇家，隐居在屠夫中。严仲子登门拜访，经过多次交往，然后备办酒席，

畅聂政母前。酒酣，严仲子奉黄金百溢，前为聂政母寿。聂
亲自举杯给聂政的母亲敬酒。等到大家喝酒尽兴时，严仲子拿出一百镒黄金为聂政母亲祝寿。

政惊怪其厚，固谢严仲子。严仲子固进，而聂政谢曰："臣幸
聂政惊怪严仲送这份厚礼，再三辞谢。严仲子坚持要送，聂政婉言推辞说："我幸有老母健在，

有老母，家贫，客游以为狗屠，可以旦夕得甘毳以养亲[5]。亲供
家里虽然清贫，客居在齐以屠为业，还勉强供养老人甜的、脆的食品。老人供养不缺，委实

---

1 轵：魏邑。
2 韩相侠累：名傀。
3 至门请：登门拜访。
4 数反：经过多次交往。
5 甘毳（cuì）：指甜和脆的食品。

聂政仗剑杀侠累

养备，不敢当仲子之赐。"严仲子辟人[1]，因为聂政言曰："臣有
不敢接受你的馈赠。"严仲子避开别人，对聂政说："我有大仇，我在诸侯各国行游，寻访
仇，而行游诸侯众矣；然至齐，窃闻足下甚高，故进百金者，
能为我报仇的勇士，见了很多人而不遇，然而到了齐国，我听说你的义气很高，所以送一百
将用为大人粗粝之费[2]，得以交足下之欢，岂敢以有求望邪！"
金的厚礼，可作为你母亲大人一点粗茶淡饭的费用，表示我希望和你交个朋友，岂敢有别的
聂政曰："臣所以降志辱身居市井屠者，徒幸以养老母；老母
指望！"聂政说："我之所以要降低志气，屈辱身份，与市井屠夫为伍，只是想奉养老母尽天年；
在，政身未敢许人也。"严仲子固让，聂政竟不肯受也。然严
老母活着，我聂政的身子不敢相许与人。"严仲子仍再三谦让，聂政始终没有接受。不过严
仲子卒备宾主之礼而去。
仲子最后完满地尽了宾主的礼仪后才离去。

久之，聂政母死，既已葬，除服[3]，聂政曰："嗟乎！政乃
过了很久，聂政母亲死了，安葬完毕，除去孝服，聂政说："唉，我只是
市井之人，鼓刀以屠，而严仲子乃诸侯之卿相也，不远千里，
一个普通市民，操刀屠狗，而严仲子是诸侯的卿相，不远千里，屈尊驾车来结交
枉车骑而交臣[4]。臣之所以待之，至浅鲜矣，未有大功可以称
我。我对他的招待，十分淡薄，又没有什么功劳当得起他的礼敬，而严仲子送了
者，而严仲子奉百金为亲寿，我虽不受，然是者徒深知政也[5]。
一百镒黄金的厚礼为母亲祝福，我虽然没有接受，然而他的举动表明他特别了解

---

1 辟人：避开别人。辟，通"避"。
2 大人：此指聂政之母。粗粝：粗糙的米粮，此为谦辞，即供粗茶淡饭之费。
3 除服：丧期三年已满。
4 枉车骑：屈驾，放下架子。
5 徒深知政：特别了解我。徒，独，特别。知，了解，赏识。

夫贤者以感忿睚眦之意而亲信穷僻之人，而政独安得嘿然而已
我。像严仲子这样一个贤明的人，只是为了要报仇，特地信赖我这样一个穷乡陋
乎！且前日要政，政徒以老母[1]；老母今以天年终，政将为知己
巷的人，我怎么能装聋作哑不报答呢？何况他以前要求我的，只是因老母活着；
者用。"乃遂西至濮阳，见严仲子曰："前日所以不许仲子者，
现在老母尽了天年，我聂政之身可以为知己者所用了。"于是西到濮阳去见严仲
徒以亲在；今不幸而母以天年终。仲子所欲报仇者为谁，请
子，说："先前我不把身子许给你仲子，只因有母亲在世；现在母亲不幸已尽天年，
得从事焉！"严仲子具告曰："臣之仇韩相侠累，侠累又韩君
仲子的仇人是谁，请挑明了我替你去办。"严仲子说了实情："我的仇人是韩相
之季父也，宗族盛多，居处兵卫甚设[2]，臣欲使人刺之，终莫能
侠累，侠累是韩王的叔父，宗族强盛众多，居住行动防卫森严，我想派人刺杀他，
就。今足下幸而不弃，请益其车骑壮士可为足辅翼者。"聂政
终于没有成功。如今承蒙你不嫌弃，我多派些车骑壮士做你的帮手。"聂政说："卫
曰："韩之与卫，相去中间不甚远，今杀人之相，相又国君之
国和韩国相距不远，现在要杀的是韩国的国相，而且国相又是韩王的叔父，这种
亲，此其势不可以多人，多人不能无生得失[3]，生得失则语泄，
形势多派人没有益处，人多了不能不出岔子，出了岔子就会走漏消息，走漏了消
语泄是韩举国而与仲子为仇，岂不殆哉[4]！"遂谢车骑人徒，
息，那全韩国人都将与你为敌，岂不更危险吗？"聂政谢绝了车骑人众，独自一

1　徒：只是。
2　甚设：警卫森严。
3　生得失：出岔子。
4　殆：危险。

聂政仗剑杀侠累

聂政乃辞独行。

人辞行上路。

杖剑至韩，韩相侠累方坐府上，持兵戟而卫侍者甚众。

聂政带着宝剑到了韩国，韩相侠累正坐在相府堂上，手执兵器的侍卫很多。聂政闯入，

聂政直入，上阶刺杀侠累，左右大乱。聂政大呼，所击杀者

直上台阶刺杀侠累，侍从人员乱作一团。聂政大声呐喊，杀死了几十个侍卫，最后自己划破

数十人，因自皮面决眼，自屠出肠，遂以死。

脸皮，挖了眼睛，剖腹自杀。

韩取聂政尸暴于市，购问莫知谁子[1]。于是韩悬购之，有能

韩国人把聂政的尸体暴露在街头，悬赏查问凶手姓名，没有人知道他是哪家的子弟。于是韩国悬

言杀相侠累者予千金。久之莫知也。

重赏征求，有人能说出刺杀韩相侠累的人赏赐一千金。过了很久，还是没有人知情。

政姊荣闻人有刺杀韩相者，贼不得，国不知其名姓，暴其尸

聂政的姐姐聂荣听说有人刺杀了韩相，凶手不知是谁，韩国人都说不出他的名字，尸

而悬之千金，乃於邑曰[2]："其是吾弟与？嗟乎，严仲子知吾弟！"

体陈列街头，悬赏千金招人揭发，就痛哭起来，说："他难道是我的弟弟吗？啊，严仲子知

立起，如韩，之市，而死者果政也，伏尸哭极哀，曰："是轵深

遇我的弟弟。"她毅然站起来，到了韩国，来到陈尸的街市，一看死的人果然是聂政。聂荣伏

井里所谓聂政者也。"市行者诸众人皆曰："此人暴虐吾国相，王

在尸身上痛哭，极为悲哀，说："这就是轵县深井里那个叫作聂政的人。"街上走路的人都说：

悬购其名姓千金，夫人不闻与？何敢来识之也？"荣应之曰："闻

"这人残杀我们的国相，韩王悬赏千金问他姓名，夫人难道没有听到吗？怎么敢来认领他？"

---

1 购问：悬赏暗问。谁子：哪家的人。
2 於邑：同"呜咽"，哭泣声。

之。然政所以蒙污辱自弃于市贩之间者，为老母幸无恙，妾未
聂荣回答说："我当然知道。聂政当初含羞忍辱，不惜混在市井屠夫之间，因为老母健在，
嫁也。亲既以天年下世，妾已嫁夫，严仲子乃察举吾弟困污之
我未出嫁。母亲已尽天年，我也出嫁了，严仲子能从污浊贫困的环境中看中我的弟弟，与他
中而交之[1]，泽厚矣[2]，可奈何[3]！士固为知己者死，今乃以妾尚在之
交朋友，恩情深厚，没有办法了。勇士本来应该为知己者去死，只是因为我还活着，所以他
故，重自刑以绝从，妾其奈何畏殁身之诛，终灭贤弟之名！"大
狠狠地毁坏自己的面容，使亲人免受株连，我怎么能怕杀身之祸，而埋没我弟弟的英名呢！"
惊韩市人。乃大呼天者三，卒於邑悲哀而死政之旁。
韩国人听了这话大吃一惊。聂荣大喊三声"天啊"，终于因极度悲哀而死在聂政身旁。

晋、楚、齐、卫闻之，皆曰："非独政能也，乃其姊亦烈
晋、楚、齐、卫等国的人听了这件事都说："不仅聂政是个了不起的义士，他的姐姐聂荣也是一
女也。向使政诚知其姊无濡忍之志[4]，不重暴骸之难，必绝险千
个烈女。假如聂政确知他的姐姐不是一软弱忍辱的人，不怕暴尸露骨的苦难，一定要越过千里的险阻来
里以列其名，姊弟俱戮于韩市者，亦未必敢以身许严仲子也。
宣扬他的姓名，使姐弟两人同死于韩国街市，那聂政未必就把生命托付给严仲子。严仲子也可以说是善
严仲子亦可谓知人能得士矣！"
于识别人才赢得知遇的贤士啊！"

1　察举：挑选，看中。困污之中：穷困低贱的地位之中。
2　泽厚：恩情深厚。
3　可奈何：谓聂政无可奈何，只好为严仲子行刺报恩。
4　向使：假使。濡忍：含忍。

▲ 清·黄增《人物册·人物故事三》

季布一诺重百金

季布是楚汉相争时项羽手下的一员勇将，好任侠。西汉建立，汉高祖悬赏通缉季布，季布得到鲁地大侠朱家的帮助、疏通，高祖赦免了季布，任用为郎，文帝时官至河东太守，成为汉家名臣。

季布好侠仗义，确实是他为人处世的一大优点。但季布"一诺重百金"，却又言过其实，是季布同乡曹丘生吹捧出来的，用今天的话说，叫新闻舆论炒作。

曹丘生能说会道，他投托在权贵人家中做宾客，靠的是他那张嘴皮子。他还打着所寄食的权贵人家的名义到处勒索钱财。曹丘生与外戚窦长君交上了朋友。窦长君是文帝皇后窦氏的弟弟，与季布是很要好的朋友。季布听说曹丘生在窦长君家做客，就写了封信给窦长君，说曹丘生品行不好，不要和他交往。窦长君很老实，他一五一十告诉了曹丘生。曹丘生并不生气，反而称赞季布，还一再要求窦长君写封介绍信，他要去和季布交朋友。窦长君说："人家讨厌你，你还去套近乎干啥呢？"窦长君推迟了几次，还是写了介绍信。曹丘生拿着介绍信去找季布，先送信给季布，季布果然大怒，只等曹丘生一来就连骂带赶让他走。曹丘生到了，季布还没来得及开口，曹丘生老远就打开了招呼。曹丘生到了季布跟前也只是拱拱手。曹丘生对季布说："楚地流传一句谚语，说'得到百斤黄金，不如得到季布一句诺言'，这句话就是我曹丘生编造出来、散布出去的。我俩都是同乡，我对

曹丘生替季布作义务宣传

先生作义务宣传,为什么先生还要呵斥我呢?难道你害怕名声更大吗?"一席话说得季布心花怒放,马上一百八十度大转变,留下曹丘生,待为上宾,住了几个月才让走。

　　这个故事很生动有趣。曹丘生靠的就是那张嘴,奔走权贵之门,专靠捧人吃饭。季布正直勇敢,乐于助人,由于曹丘生吹捧,知名度更高。"得黄金百斤,不如季布一句诺言",话语简洁、明快、贴切,所以风传。曹丘生善于做广告,季布也乐得让人广告。古代的这一幅人际关系,与今天市场经济下的舆论炒作有什么两样吗?

季布列传

楚人曹丘生，辩士，数招权顾金钱。事贵人赵同等，与
<small>楚人曹丘生，是一个能言善辩的人，多次打着权贵的旗号，索取请托者的金钱。他事奉贵人赵</small>
窦长君善[1]。季布闻之，寄书谏窦长君曰："吾闻曹丘生非长者，
<small>同等人，又与窦长君很要好。季布听说，写信劝谏窦长君，说："我听说曹丘生不是一个品德高尚的</small>
勿与通。"及曹丘生归，欲得书请季布[2]。窦长君曰："季将军不
<small>人，不要和他交往。"等到曹丘生回来，反倒要求窦长君写封介绍信给季布，他去求见。窦长君说："季</small>
悦足下，足下无往。"固请书，遂行。使人先发书，季布果大
<small>将军不喜欢你，你不要去。"曹丘生反复要求窦长君写信，终于得到介绍信，于是前往。曹丘生派人</small>
怒，待曹丘。曹丘至，即揖季布曰[3]："楚人谚曰'得黄金百，
<small>先送信给季布，季布果然大怒，等待曹丘生。曹丘生到后，他向季布拱手为礼说："楚人有句谚语说'得</small>
不如得季布一诺'，足下何以得此声于梁楚间哉？且仆楚人，
<small>黄金百斤，不如得季布一句诺言'，足下怎么在梁楚间有这样大的名声呢？况且我是楚人，足下也是楚人。</small>
足下亦楚人也。仆游扬足下之名于天下，顾不重邪？何足下
<small>我向天下的人宣扬足下的名声，难道不增加一点影响吗？足下为什么这样排斥我呢？"季布听了很高兴，</small>
拒仆之深也！"季布乃大悦，引入，留数月，为上客，厚送
<small>留下曹丘生做客，一连住了几个月，待为上宾，还送了厚礼。季布的名声愈来愈大，是曹丘生替他宣</small>
之。季布名所以益闻者，曹丘扬之也。
<small>扬的啊。</small>

---

1 赵同：文帝宠幸的宦官，本名谈，司马迁避父讳司马谈改。窦长君：文帝窦皇后之兄。
2 请季布：请季布接见。
3 揖：拱手为礼，而不拜。

季布一诺重百金

贯高忠义名闻天下

汉高祖刘邦秉性粗鲁、傲慢,少时染习游侠与流民气息,有豁达大度的一面,也有少礼和颐指气使的一面,性格刚强的人往往受不了。汉高祖也因此吃过一些亏,譬如西魏王魏豹因受不了刘邦的粗鲁而造了反。刘邦的女婿张敖恭敬柔顺,而高祖却指使如奴仆,张敖的部属贯高看不下去,策划谋反,汉高祖差点送了性命。贯高以死与汉高祖抗争,因而扬名天下。

张敖是赵王张耳的儿子。张耳早年与刘邦有旧交,秦末张耳参加陈胜起义,后为赵臣,项羽封为赵王。刘项相争,张耳投汉,高祖在汉四年复封张耳为赵王。第二年张耳病逝,其子张敖继承为赵王。刘邦把吕后所生之女鲁元公主嫁给张敖为妻。

汉高祖七年(前200年),刘邦从平城(今山西省大同市东)回长安,经过赵国首府邯郸,留下休息。他的女婿赵王张敖早晚都脱掉外衣与护臂,亲自端饭送菜,侍候刘邦饮食,非常的恭敬谦卑,诚惶诚恐,没有半点怠慢差池,真正尽到了做子婿的孝心与礼节。但是,刘邦对张敖的精心周到侍候不以为意,根本没有把张敖放在眼里,兀自坐在席上,对张敖呼来唤去,指桑骂槐、肆意谩骂、羞辱。刘邦的行为举止极其粗鲁、傲慢,没有半点皇帝应有的尊重与风度。赵国的丞相贯高、赵午等人,都是六十多岁的人了,他们原本是跟随张耳的故人,生平豪爽,讲究气节与做人的尊严。当他们看到刘邦对赵王极端无礼,不近人情,十分痛惜地说:"我们的赵王真真是一个懦弱柔顺的王啊。"于是他们就对赵王说:"天下大乱的时候,豪杰群雄并起,有本事的成就霸业,先立为王。现在大王您那样谦恭地侍奉高祖,而高祖却对您粗鲁无礼,根本没把您放在眼里,让我们替您把他杀了吧!"赵王听了这些话后非常着急,就咬破手指,血从指头上殷殷流出,说:"你们怎么能说出这样大逆不道的话来呢?想当年,我的父亲被项羽封为常山王,后来被陈余兵所败,丧失了国土与王位。后投奔高祖,依靠高祖的兵力,打败并杀了陈余,又被高祖封为赵王,终于恢复了国土和王位,

张敖待刘邦很谦恭

德泽流被子孙，这一丝一毫都全是依赖高祖的力量啊！希望你们不要再说这样的话了。"赵王哪里知道，贯高等人想杀掉高祖，岂止是说说而已。

于是，贯高、赵午等十余人又聚在一起商量说："这确实是我们的不对了，我们的赵王是一个有道德的人，他不肯做违背道德的事；但是我们是不能忍受别人侮辱的。我们恨高祖欺辱我们的大王，因此想杀掉他。怎么能让大王知道而牵连他呢？我们自己去干，事情成功了，就算替大王出了气；如果事情失败了，那么我们自己去承担罪责好了。"

汉朝七年（前200年），汉高祖从东垣（今河北省正定县南）回来，又经过赵国。贯高等一班人背着赵王，事先在柏人县（今河北省邢台市东北）刘邦将要留宿的馆舍夹壁中，埋伏了武士兵丁，伺机刺杀高祖于床边。高祖到了柏人这个地方，准备在这里留宿，忽然间心跳异常，觉得不对劲，便询问这地方是什么县，有人告诉他这是柏人县。历来迷信且信奉鬼神的刘邦，嫌"柏人"这个名字不吉利，说："柏人柏人，就是迫之于人。"于是不肯在此地住宿，匆匆离去。暗杀刘邦的计划流产。

汉朝九年（前198年），贯高的仇人得知了暗杀刘邦的阴谋，便向朝廷告密检举，高祖就把赵王与贯高等人逮捕。贯高同伙的十余人看到事情败露，争着要自杀。只有贯高没有这样做，而是愤怒地责骂自己的伙伴："是谁叫你们这样做的，你们有权利自杀吗？赵王并没有参与谋杀高祖的计划，但也遭到了逮捕。你们都死了，谁来替大王辩白洗刷他并没有造反的冤情呢？"于是便乘坐密闭的囚车，与赵王一块去长安受审。

朝廷开始查办张敖罪责的时候，高祖曾下令：赵王的臣子与宾客有敢随赵王进京的，要诛灭他们的全族。贯高与宾客孟舒等十余人不理会高祖的命令，都自己把头发剪掉，用铁环锁住脖子，扮作赵王的家奴跟随赵

▲ 日本·鹤洲霊鷽《中华历代帝王图·西汉高祖皇帝》

王到京。开庭审讯贯高时，贯高说："这件事完全是我自己干的，赵王实在是不知道。"审案的官员认为贯高没说实情，包庇赵王，便用酷刑逼供，鞭打了几千下，甚至用烧红的铁条刺他，贯高被摧残得体无完肤，但他始终没有改变口供。

吕后为刘邦生下一儿一女，儿子刘盈被立为太子，后继位为孝惠皇帝；女儿鲁元，也是吕后十分宠爱的公主。因此，吕后多次在高祖面前为张敖说情，说张敖是鲁元公主的丈夫，料想他也不会干谋杀高祖的事。高祖不仅听不进去，反而愤怒地对吕后说："假若让张敖据有天下，当了皇帝，他要多少女人就会有多少女人，他还会在乎你的女儿吗？"

审案的官员将审理贯高的情形与供词报告高祖，高祖心有所动，便说："真是条好汉，谁与他熟悉，私下去问问他，就可知道实情了。"中大夫泄公说："他是臣的同乡，我了解他。他向来是赵国享有盛誉的讲气节、守信用、说一不二的人。"汉高祖便叫泄公拿了"如朕亲临"的符节到监牢去，想法询问出实情。浑身伤痕的贯高仰卧在竹床上，听见有人来，仰起头，看了看说："是泄公吗？"泄公则如平时一般热情问候寒暄，两人谈得很投机，也很高兴。泄公趁机问贯高，张敖到底有没有参与谋杀高祖的计划。贯高动情地说："人之常情没有不爱自己父母与妻子的，现在我家将会因这项罪名诛三族，难道我会以我最亲爱的人的性命去换取赵王吗？赵王实在是没有谋反，只是我们几个人干的。"于是将他们一班人如何替赵王打抱不平，怎样背着赵王策划暗杀行动的过程，一一与泄公说了。泄公上朝将谈话内容报告高祖，高祖因此赦免了赵王。

高祖非常欣赏贯高的气节，就叫泄公告诉贯高，张敖已经释放了，同时也赦免贯高。贯高听了非常高兴，便问泄公："我们赵王果真被释放了

贯高坚持为伙伴而死

吗？"泄公作了肯定的回答后又说："皇上很敬重你，所以也赦免了你。"贯高说："我之所以不死而被打得体无完肤，完全是为了替赵王辩明冤情。现在赵王已经释放了，我的责任尽到了，我死而无憾了。如今我作为人臣，却背着篡位谋杀的罪名，那还有什么面目再在皇上手下做事呢？纵然皇上不杀我，我心里难道不惭愧吗？"说完，他就仰起头，切断喉咙而死。于是，他的名声传遍天下。

张耳陈余列传

汉立张耳为赵王[1]。汉五年，张耳薨，谥为景王。子敖嗣立

汉立张耳为赵王。汉五年（前202年），张耳死，谥号为"景王"。其子张敖继承立为赵王。汉

为赵王。高祖长女鲁元公主为赵王敖后。

高祖长女鲁元公主嫁给赵王张敖为王后。

汉七年，高祖从平城过赵，赵王朝夕袒韝蔽[2]，自上食，礼

汉七年（前200年），汉高祖从平城还京路过赵国，赵王从早到晚解掉护臂，亲自侍奉饮食，态

甚卑，有子婿礼。高祖箕踞骂[3]，甚慢易之。赵相贯高、赵午等

度极为谦恭，尽到了做女婿的礼节。汉高祖叉开两腿坐在地上大骂赵王，对他非常傲慢轻视。赵相贯高、

年六十余，故张耳客也，生平为气，乃怒曰："吾王孱王也[4]！"

赵午等人都已六十多岁，是张耳旧时的门客，性情豪爽，易于冲动，就大怒说："我王太懦弱！"就劝

说王曰："夫天下豪杰并起，能者先立。今王事高祖甚恭，而高

赵王说："天下豪杰同时兴起，贤能的人先称王。现今你对高祖十分恭敬，而高祖傲慢无礼，请让我们

祖无礼，请为王杀之！"张敖啮其指出血，曰："君何言之误！

替你杀掉他。"张敖把自己的手指咬出血来，说："先生们怎能说出这样的错话！况且我先父失国之后，

且先人亡国，赖高祖得复国，德流子孙，秋豪皆高祖力也[5]。愿

依靠高祖恢复了国家，德泽流及子孙，一丝一毫都归功于高祖。希望先生们这样的话不要再出口。"贯高、

---

1 张耳：秦末反秦义士，后追随刘邦灭项羽，封赵王。
2 袒韝（gōu）蔽：解掉护臂。韝，护臂。
3 箕踞：伸直两腿坐于地，不恭之态。
4 孱：冀州人称懦弱为孱。
5 秋豪：豪，通"毫"，秋天动物所生细毛，喻细致，一丝一毫。

君无复出口。"贯高、赵午等十余人皆相谓曰:"乃吾等非也。
赵午等十余人互相议论说:"实在是我们不对。我们的王是个忠厚的人,不愿背弃恩德。何况我们是自
吾王长者,不背德。且吾等义不辱,今怨高祖辱我王,故欲杀
己不能忍受侮辱,才怨恨高祖侮辱我王,所以想杀他,何必要把我王拖累进来受玷污呢?如果事情成功了,
之,何乃污王为乎[1]?令事成归王,事败独身坐耳。"
功劳归于王,事情失败了,我们独自担当。"

汉八年,上从东垣还,过赵,贯高等乃壁人柏人[2],要之置
汉八年(前199年),汉高祖从东垣回来,又经过赵国,贯高等在柏人县馆舍夹墙中隐藏刺客,
厕。上过欲宿,心动[3],问曰:"县名为何?"曰:"柏人。""柏
选在汉高祖必宿的馆舍侧壁夹墙中埋伏。汉高祖路过这馆舍想住宿,突然心惊,就问左右说:"什么县名?"
人者,迫于人也!"不宿而去。
回答说:"柏人县。"高祖说:"柏人的意思就是遭人迫害。"没有留宿就离开了。

汉九年,贯高怨家知其谋,乃上变告之[4]。于是上皆并逮
汉九年(前198年),贯高的仇家知道了贯高的阴谋,就向朝廷告发了他。于是高祖下
捕赵王、贯高等。十余人皆争自刭,贯高独怒骂曰:"谁令
令包括赵王一起逮捕了贯高等人。十多个同谋的人争着自杀,只有贯高生气地骂他们:"谁
公为之?今王实无谋,而并捕王;公等皆死,谁白王不反
叫你们这样?如今我王确实没有参与谋划,一起被捕了,你们都死了,谁来证明我王没有造
者?"乃轞车胶致[5],与王诣长安。治张敖之罪,上乃诏赵群
反?"于是贯高等坐上紧闭的囚车,与赵王一同到长安。审判张敖的罪行,皇上向赵国发布

---

1 污王:秽王,陷王于不义。
2 壁人:在墙壁夹墙中藏人。柏人:县名,在今河北省隆尧县。
3 心动:心惊。
4 上变告:上书告非常。
5 轞车:囚车。胶致:牢牢封闭。

臣宾客有敢从王皆族。贯高与客孟舒等十余人，皆自髡钳[1]，
<small>诏令，群臣及宾客敢有追随赵王的，全家诛灭。贯高与宾客孟舒等十多人，都自己剃掉头发，</small>
为王家奴，从来。贯高至，对狱[2]，曰："独吾属为之，王实
<small>带上刑具，装扮作赵王的家奴，跟随到长安。贯高等到了京城，接受审讯，说："全是我们</small>
不知。"吏治榜笞数千，刺剟[3]，身无可击者，终不复言。吕
<small>干的，赵王确实不知。"狱吏打了贯高等几千大板，用铁锥刺身，全身没有一块好皮肤，始</small>
后数言张王以鲁元公主故，不宜有此。上怒曰："使张敖
<small>终不变更供词。吕后多次说张敖因鲁元公主的关系，不会有造反的事。高祖怒骂说："让张</small>
据天下，岂少而女乎！"不听。廷尉以贯高事辞闻，上曰：
<small>敖据有了天下，难道还在乎你的女儿？"不听吕后的话。廷尉把贯高等人的表现和供词上报</small>
"壮士！谁知者，以私问之。"中大夫泄公曰[4]："臣之邑子，
<small>高祖，高祖说："是个男子汉！谁和他交好，私下去问问。"中大夫泄公说："他是我同乡，</small>
素知之。此固赵国立名义不侵为然诺者也。"上使泄公持节
<small>我一向了解他。他本是一个讲信义不违背诺言的人。"高祖就叫泄公手持符节到贯高躺卧的</small>
问之箯舆前[5]。仰视曰[6]："泄公邪？"泄公劳苦如生平欢，与
<small>竹床前讯问。贯高抬头看着泄公说："你是泄公吗？"泄公殷勤地问寒问暖，像平时一样高</small>
语，问张王果有计谋不。高曰："人情宁不各爱其父母妻子
<small>兴地与贯高交谈，问赵王真的参与了谋划没有。贯高说："人之常情，哪有不爱自己的父母</small>
乎？今吾三族皆以论死，岂以王易吾亲哉？顾为王实不反，
<small>和妻儿的，现在我家三族都被判死刑，难道我会为了赵王而牺牲全家吗？赵王实在没有参与</small>

---

1 髡钳：剃掉头发，带上刑具。
2 对狱：接受审讯。
3 榜笞：杖打。刺剟：铁锥刺身。
4 中大夫：掌谏议，属郎中令。泄公：名泄私。
5 箯（biān）舆：竹制舆床。
6 仰视：仰卧而视。贯高受刑委顿，故仰卧在竹床上。

独吾等为之。"具道本指所以为者王不知状。于是泄公入，
谋反，只是我们这班人干的。"贯高一一说出前因后果及赵王不知的原因。于是泄公入朝，

具以报，上乃赦赵王。
原原本本报告高祖，高祖才赦免了赵王。

  上贤贯高为人能立然诺[1]，使泄公具告之，曰："张王已
  高祖十分赏识贯高为人能守信誉，就叫泄公把赦免赵王的情况告诉贯高，说："赵

出。"因赦贯高。贯高喜曰："吾王审出乎？"泄公曰："然。"
王已被释放了。"还要赦免贯高。贯高高兴兴地又问："我王真的释放了吗？"泄公说："是

泄公曰："上多足下，故赦足下。"贯高曰："所以不死一身无
的。"泄公又说："高祖看重你，所以也要赦免你。"贯高说："我之所以受刑体无完肤

余者，白张王不反也。今王已出，吾责已塞，死不恨矣。且
而不死，就是为了替赵王辩白没有谋反。现在赵王已被释放，我的责任已完满完成，死而

人臣有篡杀之名，何面目复事上哉？纵上不杀我，我不愧于心
无恨。何况人臣有谋杀君王的罪名，还有什么脸面再事奉君王呢？即使皇上不杀我，我难

乎？"乃仰绝肮[2]，遂死。当此之时，名闻天下。
道不有愧于心吗？"于是仰着头割断了喉咙死了。正是这时候，贯高的名声传遍天下。

  张敖已出，以尚鲁元公主故，封为宣平侯。于是上贤张
  张敖被释放了，因为是鲁元公主的丈夫，封为宣平侯。这次事件，使高祖很欣赏赵王张敖的宾客，

王诸客，以钳奴从张王入关，无不为诸侯相、郡守者。及孝
凡是自带刑具跟随张王入京的宾客，都被重用为诸侯相、郡守。历经孝惠帝、吕后、孝文帝、孝景帝几代皇帝，

惠、高后、文帝、孝景时，张王客子孙皆得为二千石。
这些宾客的子孙很多都做了二千石的高官。

---

1 立然诺：重信用。
2 绝肮：割断颈动脉血管。

贯高忠义名闻天下　153

秦穆公亲征伐晋（明内府彩绘本《春秋五霸七雄通俗演义列国志传》插图）

报恩故事

六则

食马人报恩救穆公

春秋中叶，秦、晋两国争霸，时好时战。两国联姻以修盟好，秦穆公夫人就是晋惠公的姐姐。秦穆公帮助晋惠公夺取晋国君位，晋国闹灾荒，秦穆公支援粮食。秦国闹灾荒，找晋国借粮，晋惠公不给，还趁这机会攻打秦国。晋惠公为了提高士气，亲自出征。秦穆公得知消息，非常生气，他说："我要教训这个背信弃义的人。"也下令亲自御敌。于是秦晋两国在韩原发生了一场大战，史称韩原之战，这事发生在公元前645年。韩原，在今陕西省韩城市南的山原。

两军交战，杀声震天。晋惠公驱车突前，带动晋军冲击，秦穆公也不示弱，迎头冲上去。两军主帅，离开了中枢位置，两军大乱，拼死战斗，起初晋军不利，陷入秦军重围，后来晋君退却，秦军追击，秦穆公反而陷入晋军包围，并且受了伤。

秦穆几番突围失败，卫队人马越来越少，眼看就要被擒。就在这紧急关头，突然从侧翼杀出一队人马，有好几百人，个个勇猛，犹如神兵天降，风驰电掣般冲杀过来，晋军遭这出其不意的突然打击，纷纷溃散。秦军乘势掩杀上来，大败晋军，并活捉了晋惠公。

这支从天而降的生力军，原来是秦国岐山脚下的一群乡野村夫，有三百人。在这之前，秦穆公曾丢失一批御苑良马，被这些村夫捉而分食了。地方官吏知道后，准备严惩这群大胆刁民。秦穆公知情后，

食马人来救穆公（明内府彩绘本《春秋五霸七雄通俗演义列国志传》插图）

对官吏说:"死马不能复活,人君不应以畜生伤害人伦,这事就不要追究了。我听说吃马肉而不饮点酒反倒会伤害身体,干脆再赐他们一些御酒,让他们尽个兴。"于是这群村夫在豪饮之后非常感激国君的宽厚爱人,常思报恩。正巧遇上此次战役,他们便全村出动,虽然不懂打仗,但凭着勇猛、顽强,终于帮秦国打了胜仗。

秦穆公以国君之尊,爱民不爱马,人心感戴,秦军受到村夫参战的鼓励,勇气百倍,因此以少胜众。秦穆公不杀食马人,而得到了回报。

秦穆公不追究盗马的村夫

秦本纪

十四年，秦饥，请粟于晋。晋君谋之群臣。虢射曰[1]：
秦穆公十四年（前646年），秦国饥荒，请求晋国援助粮食。晋惠公与群臣商议此事。
"因其饥伐之，可有大功。"晋君从之。十五年，兴兵将攻
虢射说："趁他们饥荒去攻打，可以取得大成功。"晋君听了他的意见。十五年，兴
秦。穆公发兵，使丕豹将，自往击之。九月壬戌，与晋惠
兵要攻打秦国。穆公发兵抵抗，任用丕豹为大将，亲自前往迎战。九月壬戌日，与晋
公夷吾合战于韩地[2]。晋君弃其军，与秦争利，还而马骜[3]。
惠公夷吾在韩地会战。晋君脱离了他的大部队，和秦军争夺战机，回去时战马陷入泥中。
缪公与麾下驰追之，不能得晋君，反为晋军所围。晋击缪
穆公和部下奔驰追杀晋君，没有抓到晋君，反而被晋军包围。晋军攻击穆公，穆公受
公，缪公伤。于是岐下食善马者三百人驰冒晋军，晋军解
了伤。这时曾在岐山偷吃良马的那三百人奔驰冲杀晋军，晋军撤去包围，于是穆公脱险，
围，遂脱缪公而反生得晋君。初，缪公亡善马，岐下野人
反而生擒了晋君。当初穆公走失了好马，岐下的乡下人共同抓住而且吃了它，一共有
共得而食之者三百余人，吏逐得，欲法之。缪公曰："君子
三百人，官吏追捕到他们要依法惩治。穆公说："君子不因为牲畜而伤害人，我听说

---

1 虢射：读虢石。
2 韩地：在今陕西省韩城市西南韩原上。
3 马骜：战马陷于泥泞中。

食马人报恩救穆公

不以畜产害人。吾闻食善马肉不饮酒，伤人。"乃皆赐酒而
吃了好马肉如果不喝酒，会使人生病。"就赐给酒喝并且赦免了他们。三百人听说秦

赦之。三百人者闻秦击晋，皆求从，从而见缪公窘，亦皆
军迎击晋军，都请求随军参战，到了战场看到穆公被围困，一个个冲锋陷阵拼死战斗，

推锋争死，以报食马之德。
以此来报答吃马肉的恩德。

桑下饿人救赵盾

赵盾是赵衰的儿子，他们父子两人都是晋国的重臣。赵衰辅佐晋文公，深得晋文公的信任，君臣关系如水乳交融。赵盾辅佐晋灵公，却是伴君如伴虎，几次差点遭受杀身之祸。幸赖义士相救，赵盾才得以逃脱暴君的迫害。

让我们先从晋灵公继位说起。

晋灵公是晋襄公的太子，名夷皋。由于晋襄公中年早逝，太子夷皋年少，晋国众臣打算立一个年长的公子为晋君，于是派士会到秦国去迎接晋襄公的弟弟公子雍。大臣们从国家利益来考虑，这是合乎情理的。但是，当太子的生母缪嬴听到这个消息后，却坚决反对。她使出女人的看家本事，日夜抱着太子在朝堂上号哭，吵吵嚷嚷："先王尸骨未寒，你们就这样对待他的妻儿，你们忘了当初先王怎么待你们的？"缪嬴又到正卿赵盾家门口去哭诉，讲起先王托孤的情景，说得赵盾坐立不安。赵盾自己本来无私心，而太子母亲的哭闹，使这事传得沸沸扬扬，有同情太子的人也站出来说话了，赵盾不想因此事生出事端，于是放弃原来的想法，改立夷皋为君，这就是晋灵公。

晋灵公果然让众臣们失望。

小国君生性顽劣，幸而有赵盾时常规劝，小皇帝也不敢太放肆。但随着晋灵公一天天长大，轮到他自己亲政，他就像脱缰的野马，谁也约束不住了。他的各种坏德性全都暴露出来了,生活奢华,贪婪成性;性格乖张,凶狠残暴,以整人为乐。臣仆见了他,犹如老鼠见了猫。

他经常干些什么事呢?站在楼台上用弹弓从高处弹人,看侍臣们忙不迭地躲闪,直到把他们一个个弹得鼻青脸肿才收场。

山珍海味吃腻了,就把厨子叫来出气。晋灵公打死厨子后又故意叫宫女来背厨子肥硕的尸体,看到宫女惊恐、负重的样子他很开心。

晋灵公时常用酷刑来惩罚下臣。面对晋灵公的胡闹,正卿赵盾经常力

晋灵公用弹弓打人

谏，竭尽忠诚事君。但晋灵公日久生恨，就想干脆把这个老家伙除掉，免得他老是在耳边念紧箍咒。

晋灵公先派刺客钼麑去行刺。钼麑埋伏在赵府外边，监视赵盾的一言一行，并伺机下手。几经侦查，钼麑发现这个行刺对象很特别：家中没有锦绣华彩，女眷们衣着朴素，谈吐文雅；赵盾本人行动恭敬，居处有礼，无论是在人前还是独处都一样谦逊有节，举止庄重。钼麑心想："大王说这个人是个奸贼，但我怎么看都不像啊！杀忠臣，不义；违抗君命，是不忠。我该怎么办呢？"钼麑从藏身的树上跳下，叹道："真正的武士不能干不忠不义的事，今日我命休矣！"于是触树而死，并以死提醒赵盾注意身边的危险。

晋灵公一计不成，又施一计。

一天，晋灵公突然热情地请赵盾到宫中赴宴。赵盾以为君王有所省悟，愿听老臣的话了，毫不犹豫地前往。宴席上，晋灵公一个劲地劝赵盾喝酒，晋君的好意老臣受之不疑。一会儿，赵盾就不胜酒力了。这时，晋灵公身后的一个厨子不停地给赵盾使眼色，并自言自语说："臣子喝君王赐的酒，行酒三遍就该止住了。这人倒像从来没喝过酒似的。"赵盾醉眼看过去，觉得此人似曾相识，心里不禁一惊，酒醒了一半，赶紧起身告辞。晋灵公见他要走，一声口哨，顿时从里屋冲出一只恶犬直扑赵盾，近处埋伏的武士也迅速逼近了。赵盾慌忙往外跑，眼看要被恶犬咬住了。这时，厨子闪身而出，以身掩护赵盾，并徒手与恶犬搏斗，不顾被恶狗咬伤了，大喊道："大人你快走，有我在他们抓不到你的！"情急之中，赵盾问："义士，你为什么要救我？"厨子说："大人，我就是那个桑下饿汉呀！"赵盾脑海中猛地闪现出一件往事：一次，他到郊外打猎，看见路边桑树下有

钽麑欲刺赵盾（明内府彩绘本《春秋五霸七雄通俗演义列国志传》插图）

一壮年男子饿得奄奄一息。赵盾立即把所带干粮递给他,这饿汉感激地接下食物。奇怪的是,他虽然很饿,却只吃了一小半,把剩下的包好放进口袋里。赵盾问他为什么不把它吃完。他说:"我离家三年了,也不知家中老母怎样了。我没有东西孝敬老母,只有把这食物带给她了。"赵盾听了,叹道:"真是个孝子!"于是就又给了他些食物让他带回家去。这个饿汉就记住了赵盾的大名,时刻想报答他。后来他当了晋灵公的厨师,正好窥知了晋灵公的阴谋,因而挺身救难,以报前恩。

赵盾在这个昔日桑下饿人的拼死相救下,逃离了灾难。这桑下饿夫叫示眯明。他救了赵盾后,立即逃走了。

晋世家

襄公卒，太子夷皋少。晋人以难故[1]，欲立长君。赵
<small>晋襄公死后，太子夷皋年幼不能理事。晋国众臣认为国家多难，想立一个成年的公子为国君。赵</small>
盾曰："立襄公弟雍。好善而长，先君爱之；且近于秦[2]，
<small>盾建议说："立襄公的弟弟公子雍。公子雍为人正派，年纪又长，先君在世时很喜爱他；何况公子雍与</small>
秦故好也。立善则固，事长则顺，奉爱则孝，结旧好则
<small>秦国亲近，秦国是我国的友好旧邦。拥立贤君国家就稳固，事奉年长的政事就和顺，拥护先君所爱的人</small>
安。"……使士会如秦迎公子雍。……太子母缪嬴日夜抱
<small>就是孝，交好老朋友就会平安。"……于是就派士会到秦国去迎请公子雍。……太子夷皋的母亲穆嬴日</small>
太子以号泣于朝[3]，曰："先君何罪？其嗣亦何罪？舍嫡而外
<small>夜抱着太子在朝堂上哭叫，说："先君有什么罪？他的嗣子有什么罪？放着嫡子不立而到外面去找国君，</small>
求君，将安置此？"出朝，则抱以适赵盾所，顿首曰："先
<small>将把太子安排在什么地方？"穆嬴又抱着太子出了宫门，到赵盾府上一边叩头，一边哭诉说："先君捧</small>
君奉此子而属之子，曰'此子材，吾受其赐；不材，吾怨
<small>着这个孩子托付给你，并嘱告说：'这个儿子成材，我也得到他的好处；如果他不成材，我将怪罪你。'</small>
子。'今君卒，言犹在耳，而弃之，若何？"赵盾与诸大夫
<small>如今先君死了，可他的话还在耳边，你要违背先君的嘱托，为什么？"赵盾与各位大夫都害怕穆嬴闹下去，</small>

---

1 难：指晋国多难。晋献公不立长，数世不宁。
2 近于秦：与秦亲善。公子雍时在秦国做质子。
3 缪嬴：晋襄公夫人为秦穆公女，故称缪嬴。缪，读"穆"。

皆患缪嬴，且畏诛，乃背所迎而立太子夷皋，是为灵公。

担心因此被诛，就违背了迎立公子雍的初衷，改立太子夷皋，这就是晋灵公。

十四年，灵公壮，侈，厚敛以雕墙[1]。从台上弹人，观

十四年（前607年），灵公已长大成人，生活奢侈无度，为了雕梁画墙而不断加重赋税。又经

其避丸也。宰夫胹熊蹯不熟[2]，灵公怒，杀宰夫，使妇人持

常在高台上用弹子弹人，观看人们惊恐不安地躲避弹子的情景。厨师煮熊掌不够烂，灵公一怒之下，

其尸出弃之，过朝。赵盾、随会前数谏，不听；已又见

就杀了厨师，并让身边的妇人把他的尸体抬出去扔了，扔时还有意经过朝堂。赵盾、随会上前多次劝谏，

死人手，二人前谏。随会先谏，不听。灵公患之，使鉏

灵公总是不听；不久又看见死人的手，二人又去劝谏。这次随会先去劝导，灵公不听，但担心赵盾又

麑刺赵盾。盾闺门开[3]，居处节，鉏麑退，叹曰："杀忠臣，

会来谏，就派鉏麑去暗杀赵盾。赵盾的寝室门开着，住处十分俭朴，鉏麑看了十分感动，退后几步说：

弃君命，罪一也。"遂触树而死。

"杀死忠臣和违背君命，罪过是一样的。"就撞树死了。

初，盾常田首山[4]，见桑下有饿人。饿人，示眯明

起初，赵盾经常在首山打猎，看到桑树下有个饿倒的人。这个饿倒在地的人，名叫示眯明。赵

也。盾与之食，食其半。问其故，曰："宦三年[5]，未知

盾给了他一些食品，可他吃了一半就不吃了。赵盾问他为什么，他回答说："我游学三年，不知道母

母之存不，愿遗母。"盾义之，益与之饭肉。已而为晋

亲的死活，想把这点食品带回去给母亲。"赵盾很欣赏他的孝心，就又多给了一些饭和肉。后来他做

---

1 厚敛：厚赋。雕墙：雕梁画墙。
2 胹熊蹯：煮熊掌。
3 闺门：寝室之门。
4 田：打猎。首山：在山西省永济市南。
5 宦三年：游学三年。

桑下饿人救赵盾　167

赵盾救助桑下饿人

宰夫，赵盾弗复知也。九月，晋灵公饮赵盾酒，伏甲将
了晋国国君的厨师，可赵盾一点也不知道。这年九月，晋灵公设宴请赵盾饮酒，暗中却埋伏了甲兵准

攻盾。公宰示眯明知之，恐盾醉不能起，而进曰："君
备攻打赵盾。灵公的厨师示眯明了解详情，他担心赵盾喝醉了动不了，就进去劝赵盾说："君王赐酒

赐臣，觞三行可以罢¹。"欲以去赵盾，令先，毋及难。
给大臣，喝三杯就可以不喝了。"想打发赵盾出宫，让他先回家，不要遭到灾难。赵盾走时，灵公埋

盾既去，灵公伏士未会，先纵啮狗名敖²。明为盾搏杀
伏的甲士还没到齐，就先放出一条叫敖的恶狗来咬赵盾。示眯明帮助赵盾与狗搏斗，并杀了狗。赵盾说：

---

1 觞三行：饮酒三杯。觞，酒杯。依礼，君宴臣正式大宴，不限酒杯数，小宴礼，饮酒三杯而止。
2 啮狗：咬人的恶犬。敖：四尺长的大狗。

狗。盾曰："弃人用狗，虽猛何为！"然不知明之为阴
"不用人而用狗，再凶又有什么用！"然而不知这是示眯明在报答他的恩德。过了一会儿，灵公就命
德也。已而灵公纵伏士出逐赵盾，示眯明反击灵公之伏
令埋伏的甲士，出来追赶赵盾，示眯明反戈击退灵公甲士，甲士无法向前，终于让赵盾逃脱了。赵盾
士[1]，伏士不能进，而竟脱盾。盾问其故，曰："我桑下
在逃跑时问示眯明为什么舍身相救，示眯明说："我就是从前饿倒在桑树下的那个人。"赵盾又问他
饿人。"问其名，弗告。明亦因亡去。
的名字，示眯明不肯相告，也逃离晋国了。

---

1 反击：反戈击灵公之伏士。

大恩大德不言谢

春秋时齐国景公时国相晏婴,是一个礼贤下士、珍惜人才的伯乐。齐国有一个很能干的人名叫越石父,因为被人诬陷成了囚犯。在押解途中,恰好被晏子碰上了。按当时齐国的法律,一般囚犯,可以用钱赎身。晏婴当机立断,身边的钱不够,就把驾车的马解下一匹作为赎金,解救了越石父。晏子请越石父上了车,载回相府家中,做了门客。

晏子身为国相,事务众多。他把越石父安排在厅堂,自己进入内室,因别的事务停了很长时间。他办完事才想起越石父还在厅堂,没有安置。晏子赶快来到前厅,还没开口,越石父离开座席向晏婴告辞。晏婴十分惊异,他救了越石父,越石父没有言谢,却要告辞,难道有什么地方疏忽吗?晏婴觉得事情太突然,心中有些不满,但还是整理衣冠,很有礼貌地对越石父说:"我晏婴不才,至少把你从危难中解救出来,怎么就要离开我呢?"越石父说:"你解救了我,这大恩大德,不是一句道谢的话可以了结的。我听说贤明的君子待人接物,在没有被人了解的时候,可以受委屈;得到人了解以后,就应当受人尊敬。我越石父当了囚犯,是因为受人诬陷,办案的人不了解我。先生为一国之相,既然解救了我,说明了解我的为人,我值得先生援救。先生既然救了我,却又冷落我,我还不如去当囚犯,所以告辞。"晏婴听了这一席话,感到是自己失礼了,既然救了越石父,又请到家里,怎么能慢待人家呢?立即赔礼致歉,请越石父进入内室，尊礼为上宾。这个故事，表现了晏婴礼贤下士的品格可与战国四公子相媲美。

晏婴解救越石父，完全是一次巧合，两人邂逅，谁都没预料到。越石父遇救不道一声谢，超乎常理，有点不近人情，也许晏婴就故意冷落他。越石父一不做，二不休，还要与晏婴辞绝，维护自身尊严，由此可以看出是一个非常之人。晏婴改过从善，一点没有架子，谦逊爱士，赢得了生前身后名。司马迁在记载这个故事的时候，由衷地发出了感叹。司马迁说："如果晏子还在世，我替他执鞭当差也心甘情愿。"

越石父要离去

管晏列传

越石父贤[1]，在缧绁中[2]。晏子出，遭之涂[3]，解左骖赎之[4]，载归。弗谢，入闺[5]。久之，越石父请绝[6]。晏子戄然，摄衣冠谢曰[7]："婴虽不仁，免子于厄，何子求绝之速也？"石父曰："不然。吾闻君子诎于不知己而信于知己者[8]。方吾在缧绁中，彼不知我也。夫子既已感寤而赎我[9]，是知己；知己而无礼，固不如在缧绁之中。"晏子于是延入为上客[10]。

越石父是一个很有才干的人，可是因犯事在服刑。晏子外出时，在路上碰上了他，便解下车左边的马把他赎了出来，用车子载他回家。晏子没打招呼，就径自进入了自己的卧室。又过了较长的一段时间，越石父请求离去。晏子感到惊奇，整理好衣帽道歉说："我晏婴虽然不仁慈，但也把你从困境中解救出来，为什么这么快就请求离去呢？"越石父说："不能这样讲。我听说君子在没人了解的时候可以受委屈，而有人了解就应当受到尊敬。当我被囚禁的时候，别人不了解我。先生既然被感悟而赎救我，这就是我的知己，但了解了我而却不能以礼相待，我倒不如仍去当囚犯。"晏子立即请越石父进入内堂，奉为贵宾。

1　越石父：齐国的大夫。
2　缧绁（léixiè）：拘系犯人的绳索，这里指被拘囚。
3　遭之涂：在路上和他相遇。涂，通"途"。
4　骖：一车三马或四马中，两旁的两匹马叫骖。
5　闺：内屋。
6　请绝：请求离去。
7　谢：道歉。
8　诎：通"屈"，是受委屈的意思。信：通"伸"，是受尊敬的意思。
9　感寤：了解的意思。
10　延：邀请。

苏秦衣锦还乡（明内府彩绘本《春秋五霸七雄通俗演义列国志传》插图）

苏秦遍报有恩者

这个故事讲苏秦在报恩中导人为善，极有人情趣味和戏剧性。苏秦在游说之初，遭到多次失败，受人白眼，处于困境，经历了许多磨难。他不得意时，连回到家里，妻子、兄嫂都没给好脸色。不过苏秦也得到许多人的帮助。世态炎凉，人情冷暖，苏秦备尝人间五味，他牢记在心，一旦发迹，普遍施恩。

苏秦拜六国相印，首先是在燕国发迹的。但苏秦就在他发迹的前夕碰上了困难，在行进燕国的路上，没有了路费，跟随他的一个人失去信心，多次要离开苏秦，使苏秦很伤心。好事多磨，就在苏秦危难时，有一个人资助了苏秦，给了他一百钱，粗茶淡饭，勉强可以维持到燕国。这时苏秦已经渡过了燕国南境的易水。苏秦对从人说："坚持几天，到了燕国我准能发迹。"要求离去的人也想，眼看就要到燕国，那就试试吧。这个人终于陪伴苏秦到了燕国。

苏秦果然发迹了，他回到家里，妻子、兄嫂态度大不一样。苏秦感慨万千，他不忘那些在困境中救助他的人。俗话说："受人滴水之恩，当以涌泉相报。"苏秦以身实践。他用一百斤黄金重报资助他一百钱的那个人。苏秦报答了所有的人。但他故意遗忘了一个人，就是在到燕途中几次要离开而没有离开，现在仍然跟在身边的人。苏秦的冷淡，使这个人沉不住气了，他主动找苏秦要求报赏，说他鞍前马后跟了这么久，没有功劳有苦劳,难道还抵不上那一百钱吗?

受人之恩不忘报,但救人于厄困不应求报,这才是做人之本。这个中途想离开苏秦的人,却不是这样,他贪图报答,他救助人是在放人情债,一旦发现回报无望就要背叛。苏秦打心底里看不起这种人,所以故意冷落他,促其反省。但唯利是图的人,眼中只盯着利益,终于忍不住向苏秦求索。苏秦很风趣,对此人说:"我没忘记你,已准备好回报的金额,就等着你来要。但数量有限,足可以抵偿你跟我的这些日子。我借人一百钱偿还一百斤黄金,因为他在我最困难的时候资助了我,他没有图回报;而你在我最困难的时候,几次要离开我,想的就是要回报,所以我准备好了

苏秦回报恩人

等着你来要。一个人在最困难的时候,记得最牢,我怎么会忘了不给你回报呢,只是最后一个罢了。"

　　苏秦遍报有恩者,表现了他的大度胸怀,对反复小人也不忘回报,施以幽默的教育,体现了苏秦的宽厚胸怀。他挂六国相印,不是应该的吗?

苏秦列传

初，苏秦之燕[1]，贷人百钱为资[2]，及得富贵，以百金偿之，
当初，苏秦到燕国去，向人借了一百钱为盘费。等到苏秦富贵了，还了一百斤黄金。凡是有过恩
遍报诸所尝见德者。其从者有一人独未得报，乃前自言。苏
惠的人，苏秦一一回报。其中有一个跟随苏秦的人，单单没有得到回报，他到苏秦跟前说了。苏秦说："我
秦曰："我非忘子。子之与我至燕，再三欲去我易水之上[3]，方
不是忘了你。你跟随我到燕国的时候，到了易水边我最困难的时候，你多次要求离去，至今想起来还寒心，
是时，我困，故望子深[4]，是以后子。子今亦得矣。"
因此对你的回报放在最后。你现在就可以得到你的一份了。"

1 之：往。
2 贷：借。
3 易水：在燕国南边，与赵为界河，即今河北省易县境内的大清河支流。
4 望：怨望，怨恨。

冯谖报主折券市义

战国时,齐国有位贵族,名叫田文,号孟尝君。他为了巩固自己的地位,专门招收人才。他慷慨好客,凡是投奔到他门下来的,他都收留下来,供养他们。这种人叫作门客,也叫作食客。据说,孟尝君门下一共养了三千个门客。孟尝君把门客分为几等:头等的门客出去有车马,中等的门客吃的有鱼肉,至于下等的门客,就只能吃粗茶淡饭了。

有个名叫冯谖(huān)的人,穷苦得活不下去,就投奔到孟尝君门下来做食客。孟尝君问管事的:"这个人有什么本领?"管事的回答说:"他说没有什么本领。"孟尝君笑着说:"把他留下吧。"管事的懂得孟尝君的意思,就把冯谖作下等门客对待。

过了几天,孟尝君问管事的:"冯谖这几天都干了些什么?"管事的回答说:"冯先生很穷,只有一把剑。他弹着剑唱歌道:'长剑呀,咱们回去吧,吃饭没有鱼呀。'"孟尝君说:"给他鱼吃,照中等门客的伙食办吧!"

又过了五天,冯谖又弹着剑唱起歌来,"长剑呀,咱们回去吧,出门没有车呀!"孟尝君听到这个情况,又跟管事的说:"给他备车,照上等客对待。"

又过了五天,孟尝君又问管事的,那位冯先生还有什么意见。管事的回答说:"他又弹剑唱起来:'长剑呀,咱们回去吧,没有钱养家呀。'"孟尝君问了一下,得知冯谖家里有个老母,于是派人给他母亲送了些吃的穿的。这一来,冯骓果然不再弹剑唱歌了。

孟尝君养了这么多的门客,管吃管住,光靠他的俸禄是远远不够花的。他就在自己的封地薛城向老百姓放债收利息,来维持他家巨大的耗费。

有一天,孟尝君派冯骓到薛城去收债。冯骓临走的时候,他问孟尝君,收完债买些什么带回来。孟尝君说,家中缺什么就买什么。

冯骓到了薛城,把欠债的百姓都召集起来,叫他们把债券拿出来核对。能还债的,定下还债的期限,确有困难还不出债的,就把这些债券烧掉。然后,冯骓对当地老百姓说:"孟尝君借钱给大家,是以解除百姓的疾苦为己任。之所以要收利息,是因为要养门客。"老百姓对孟尝君感激涕零,齐呼万岁。

冯骓替孟尝君收买人心

▲ 出车图（南宋·马和之《诗经鹿鸣之什图·四牡》）

冯谖回到都城，把收债的情况原原本本地告诉孟尝君。孟尝君听了十分生气："你把债券都烧了，我这里三千人吃什么？"

　　冯谖不慌不忙地说："对于那些确实还不起债的人，即使您把债券保存十年，还是还不起债，到时候利息更多，把他逼急了，就逃跑，最终还是收不到钱。轻则认为您好利而不爱百姓，重则到处散布您的坏话。烧掉那些没有用的债券，使薛城民众拥护您而传颂您的好名声，您何乐而不为呢？再说，我临走时您不是说过，这儿缺什么就买什么吗？我觉得您这儿别的不缺少，缺少的是老百姓的情义，所以我把'情义'买回来了。"孟尝君很不高兴地说："算了吧！"冯谖说："我烧掉那些永远收不回来的债券，给你买下情义，这是无价之宝啊！"孟尝君一想，很有道理，再说也收不回来了，也就向冯谖致谢。后来孟尝君被罢了相，三千食客大多散去，只有冯谖陪着孟尝君到封邑薛县去，距离薛邑数十里，薛邑百姓就夹道欢迎孟尝君。这时孟尝君才真正体会到了冯谖市义的价值，感激地对冯谖说："先生市义，文今天才知道了。"

孟尝君列传

初，冯骥闻孟尝君好客，蹑蹻而见之[1]。孟尝君曰："先
<small>起初，冯骥听说孟尝君好客，于是就穿着一双草鞋去见他。孟尝君说："先生大老远地来到这里，</small>
生远辱，何以教文也？"冯骥曰："闻君好士，以贫身归
<small>准备给我什么指教呢？"冯骥说："就是因为听说您好客，所以我来了。"于是孟尝君就把他安置在了</small>
于君。"孟尝君置传舍十日，孟尝君问传舍长曰："客何所
<small>一个普通的客馆里。过了十天，孟尝君问客馆的总管说："冯骥在做什么事？"总管说："冯骥非常穷，</small>
为？"答曰："冯先生甚贫，犹有一剑耳，又蒯缑[2]。弹其剑
<small>只有一把剑，剑柄缠着一些草绳子。他每天在弹着剑唱歌，说：'长剑啊，我们还是走吧，在这里都没</small>
而歌曰'长铗归来乎[3]，食无鱼'。"孟尝君迁之幸舍[4]，食有鱼
<small>有鱼吃'！"孟尝君听罢就让总管把冯骥升到了比原先稍好一些的客馆里，让他每顿饭都有了鱼吃。又</small>
矣。五日，又问传舍长。答曰："客复弹剑而歌曰'长铗归
<small>过了五天，孟尝君又向总管问冯骥的情况，总管说："冯骥还在那里弹着剑唱歌，说：'长剑哪，我们还</small>
来乎，出无舆'。"孟尝君迁之代舍[5]，出入乘舆车矣。五日，
<small>是走吧，这里出门连个车也没有'！"孟尝君听罢就让总管把他安置到了一个更好的客馆里，让他进进</small>
孟尝君复问传舍长。舍长答曰："先生又尝弹剑而歌曰'长
<small>出出有车坐。又过了五天，孟尝君又问总管，总管说："冯骥还在那里弹着剑唱歌，说：'长剑哪，我</small>

---

1. 蹑蹻：穿了双破草鞋。此言冯骥困穷。
2. 蒯缑：用草绳缠剑把。
3. 长铗：长剑名。
4. 幸舍：中舍。
5. 代舍：上舍。

铗归来乎，无以为家'。"孟尝君不悦。
们还是走吧，住在这里连个养家的钱也没有'！"孟尝君听了心里不大高兴。

居期年，冯谖无所言。孟尝君时相齐，封万户于薛。
这样，过了一年，冯谖什么动静也没有。这时孟尝君正是齐国的宰相，齐王把一个有着万户人家

其食客三千人，邑入不足以奉客，使人出钱于薛[1]。岁余
的薛县给了他做封地。孟尝君当时有门客三千人，光靠这块封地的税收是养活不了这些人的。于是他就

不入，贷钱者多不能与其息，客奉将不给。孟尝君忧之，
让人给他在薛县放了许多债，养客的费用眼看就要接不上了。孟尝君很着急，他对身边的人说："谁可

问左右："何人可使收债于薛者？"传舍长曰："代舍客冯
以帮我到薛县去收债呢？"客馆总管说："上等客馆里的那个冯先生相貌出众，而且像个厚道人，这个

公形容状貌甚辩，长者，无他伎能，宜可令收债。"孟尝
人没有什么别的本事，让他去收债我看还是可以的。"于是孟尝君就把冯谖找了来，对他说："诸位客

君乃进冯谖而请之曰："宾客不知文不肖，幸临文者三千
人不嫌我没出息，到我这里来的有三千多人，我封地上的那点收入不够奉养这些宾客，所以我在薛县放

余人，邑入不足以奉宾客，故出息钱于薛。薛岁不入，
了一些债。可是近年来薛县的收成不好，百姓们不少人都不交利息。现在宾客们的吃用眼看要接不上了，

民颇不与其息。今客食恐不给，愿先生责之。"冯谖曰：
所以我想请你去那里催讨债务。"冯谖说："好的。"于是他辞别孟尝君，很快来到了薛县。冯谖召集

"诺。"辞行，至薛，召取孟尝君钱者皆会，得息钱十万。
凡是借了孟尝君家钱的人都来开会，一共得到了十万钱的利息。随后冯谖又买来了许多美酒、肥牛，然

乃多酿酒[2]，买肥牛，召诸取钱者，能与息者皆来，不能与
后告诉那些借钱的人们，能还利息的人们要来，不能还利息的也要来，大家都要带着借券来当场核对一下。

---

1 出钱：放高利贷。
2 酿酒：造酒，买酒。

冯报主折券市义

息者亦来，皆持取钱之券书合之。齐为会[1]，日杀牛置酒[2]。
等到大家到齐后，就杀牛摆酒，请大家开怀畅饮。在大家正喝得起劲时，冯谖拿出了借券和大家一一地进

酒酣，乃持券如前合之，能与息者，与为期；贫不能与息
行了核对，能够交利息的，和他约定一个交钱的时期；贫穷无力交息的，就干脆把他们的借券要回来烧掉了。

者，取其券而烧之。曰："孟尝君所以贷钱者，为民之无
冯谖说："孟尝君之所以要放这些钱，是为了给无法生活的人提供一点谋生的本钱；他之所以要大家交一点

者以为本业也；所以求息者，为无以奉客也。今富给者
利息，那是因为他缺少奉养宾客的用度。现在凡是家庭富裕的都约定了一个交钱的日期，家里贫穷无力偿还

以要期[3]，贫穷者燔券书以捐之[4]。诸君强饮食。有君如此，
的，我都已经烧了他们的借据，那些钱已经不再向你们要了。请大家多保重。有这么好的主子，难道我们还

岂可负哉？"坐者皆起，再拜。
忍心背叛他吗？"于是席上的人们都站了起来，一再地叩头致谢。

孟尝君闻冯谖烧券书，怒而使使召谖。谖至，孟
孟尝君听了冯谖烧借据的消息，非常生气，派人把冯谖叫了回来。冯谖一到，孟尝君就说："因

尝君曰："文食客三千人，故贷钱于薛。文奉邑少，
为我家里有三千客人要吃饭，所以我才到薛县去放债。我封地的收入不多，借钱的人们又不按时交利

而民尚多不以时与其息[5]，客食恐不足，故请先生收责
息，我连养客的伙食都怕开不出来了，所以才请你去讨要。可是我听说你收了债以后，买了许多牛、酒，

之[6]。闻先生得钱，即以多具牛酒而烧券书，何？"冯
还把一些债券都烧了，你这么干是为什么呢？"冯谖说："不错。不多准备一些牛酒，他们就不会都来，

1　齐为会：指贷钱者全体集合起来。
2　日：聚会的当天。
3　要期：约期。
4　捐之：送给你们。
5　以时：按时，按期。
6　责：读"债"。

骥曰:"然。不多具牛酒即不能毕会,无以知其有余
也就没有办法知道他们谁是富裕的谁是穷困的。对于那些富裕的,可以和他们定一个交利息的日期;
不足。有余者,为要期。不足者,虽守而责之十年,
对于那些穷困的,即使你拿着债券向他要十年也仍是要不到东西。利息越滚越多,逼急了,他们来
息愈多,急,即以逃亡自捐之。若急,终无以偿,上
个一逃了事,还是叫您什么也得不到。您再逼得紧,那也是没用的。这样闹的结果是,从上说您要落
则为君好利不爱士民,下则有离上抵负之名,非所以
个只知道贪图私利而不知道爱护百姓的名声,从下说也让百姓们都得落个背叛主子逃避债务的罪名,
厉士民彰君声也。焚无用虚债之券,捐不可得之虚
这么做恐怕不是教育提高子民、给自己扬名的好办法。现在我们烧掉那些有名无实的债券,送掉那些
计,令薛民亲君而彰君之善声也,君有何疑焉?"孟
无法收上来的徒有虚名的钱财,使薛县的百姓们忠于您,给您扬名,这有什么不好呢?"孟尝君一听,
尝君乃拊手而谢之[1]。
拍手称绝,立即向冯骥表示感谢。

---

1 拊手:拍手叫好。

从史报恩纵袁盎

汉景帝三年（前154年），吴、楚等七个诸侯国连兵反汉。太常袁盎，曾经做过吴王刘濞的国相，汉景帝派袁盎为使者去劝说吴王退兵。

袁盎到了吴王军营，吴王刘濞还没等袁盎开口，就说："袁将军休要做说客。我已经称东帝了，今后不再对谁弯腰下跪了。"吴王要袁盎做他的将军。袁盎不肯，吴王打算杀害袁盎。吴王调了一队士兵口称保护使者，实际把袁盎看守起来，天明后斩首。

袁盎只有等死。没承想在这紧要关头，柳暗花明了。看守袁盎这队士兵的头领是袁盎任吴相的部属，为从史，即秘书工作。这位从史是单身，因工作之便他出入袁盎身边，看上了袁盎的一个贴身丫头，两人坠入爱河。不久被袁盎发现了，从史害怕被杀头，就仓皇逃走。袁盎早就派人盯上了，逃跑的从史被抓回，心想，这回必死无疑。

但从史万万没有想到，袁盎抓他回来不是要杀他，而是要成全他们。袁盎对从史说："你是个单身汉，应该有个家，你看上了我的贴身丫头，就赐给你做妻子吧。你以后安心做好从史的工作。"这小两口成家后恩爱无比，时刻想报答袁盎。

吴王叛汉，从史被派为小军官，成为军中司马。鬼使神差，看管袁盎的差事落在以前的从史、如今的司马手上。司马不慌不忙，想出了救助袁盎的办法。他弄来好酒好菜，黄昏时分劝士兵饮酒，鼓励大家好好执行任

袁盎成就从史一段良缘

务。众士兵见司马犒赏,个个高兴,喝得酩酊大醉。司马赶快带着袁盎逃走,告诉袁盎天明后会被斩首。袁盎还不相信眼前的事,在夜色中也没认出司马。袁盎说:"你为什么救我?"司马说:"我就是从前私通大人侍女的从史啊。"袁盎明白了,但又迟疑起来,说:"我走了,会连累你啊。"司马说:"我已安排好家眷,你走后,我也立即逃走。"说完,两人各自逃走。

  吴军攻打梁国,梁王是景帝的同母弟刘武。吴军驻扎在梁国郊外。袁盎逃出虎口,步行了七八里路,天已明了,也望见了梁军的壁垒。梁军也看到了袁盎手上挥舞的天子使者节旄,派出一队骑兵把他接回去了。袁盎脱险,事出偶然,却是他平时为人宽厚所致。

袁盎列传

袁盎以太常使吴[1]。吴王欲使将，不肯。欲杀之，使一
袁盎以太常出使吴国。吴王要用他为将，不答应。吴王想杀死袁盎，派一个都尉
都尉以五百人围守盎军中。袁盎自其为吴相时，有从史
用五百人包围了袁盎。袁盎在做吴王相时，有一个部属从史和袁盎的婢女私通，袁盎知
尝盗爱盎侍儿[2]，盎知之，弗泄，遇之如故。人有告从史，
道后，当作不知，待他和从前一样。有人告诉从史，说："袁丞相知道你和他的婢女私
言"君知尔与侍者通"，乃亡归[3]。袁盎驱自追之，遂以侍
通。"从史逃回了家。袁盎驱车亲自把他追了回来，竟然把婢女赐给了他，仍用为从史。
者赐之，复为从史。及袁盎使吴见守，从史适为守盎校
等到袁盎出使吴王被军队围守时，这个从史恰好是看守袁盎这支军队的校尉司马，就将
尉司马，乃悉以其装赍置二石醇醪，会天寒，士卒饥渴，
他自己行装全部变卖后，买了两石浓酒，正赶上大冷天，看守的士兵又饥又渴，大家饮
饮酒醉，西南陬卒皆卧，司马夜引袁盎起，曰："君可以
得大醉，西南角的士兵全都醉倒。司马在深夜拉袁盎起身，说："你赶快逃走，吴王明
去矣，吴王期旦日斩君。"盎弗信，曰："公何为者？"司
早就要杀你的头。"袁盎不相信，说："你是干什么的？"司马说："我就是从前为你

---

1 太常：九卿之一，掌宗庙礼仪。
2 侍儿：婢女。
3 亡归：逃亡回家。

马曰:"臣故为从史盗君侍儿者。"盎乃惊谢曰:"公幸有
的从史,偷了你的婢女的那个人。"袁盎吃惊地道谢说:"你有父母,我不能牵累了你。"
亲[1],吾不足以累公。"司马曰:"君弟去[2],臣亦且亡,辟吾
司马说:"你只管逃去,我也要逃走,让父母躲藏起来,你不用担心!"就用刀砍破营帐,
亲[3],君何患!"及以刀决张,道从醉卒隧直出。司马与分
带着袁盎从那些醉倒的士兵中间直穿出去。司马与袁盎分头逃走,袁盎就把节杖上的旄
背,袁盎解节毛怀之,仗,步行七八里,时,见梁骑,骑
饰拔下藏在怀中,用节杆作手杖,步行七八里,天亮了,看见了梁国的骑兵,就由骑兵
驰去,遂归报。
护送飞奔逃离,于是回京报告。

---

1 有亲:有父母在堂。
2 弟:但,只管。
3 辟:读"避",藏匿。

南宋·李唐《晋文公复国图》局部

淑女故事 六则

▲ 晋文齐姜（汉刘向撰、明仇英绘《列女传》）

重耳两贤妻

　　重耳，就是春秋五霸之一的晋文公。他是晋献公的庶子，为大戎狐姬所生。重耳本来不当立为晋君，由于晋乱，他出亡国外十九年，经过狄国、卫国、齐国、曹国、宋国、郑国、楚国、秦国，最后在秦国的援助下由秦兵护送回国即位，是为晋文公。晋文公重耳从小就聪明能干，又爱才如命，因此在他身边经常有晋国的贤士大夫跟随。重耳十七岁时就有五人：赵衰、狐偃咎犯（他的舅舅）、贾佗、先轸、魏韬。狐突见重耳是个有抱负、有谋略的人，预料将来重耳必成大事，就叫两个儿子狐毛、狐偃跟着他。这些人都跟着重耳流亡。此外，还有介子推、颠颉、胥臣等不知名的共数十人跟着重耳。重耳流亡，备受艰难险阻，所以他后来为晋君后励精图治，使晋国称霸。重耳出亡，因他是晋国公子，也受到齐、宋、楚、秦等国的礼遇，有时竟乐以忘忧。"子犯乘醉劫重耳"就讲的是他在齐国忘了忧仇，不思回国的故事。由于他身边的贤士，特别是齐女夫人的深明大义，强迫重耳离开了温柔乡，才重新树立了他的壮志。

　　故事还得从头说起。

　　晋献公讨伐戎国讨了两个女子为夫人。大戎狐姬生重耳，小戎生夷吾。后来晋献公伐骊戎，讨了骊姬，生子奚齐。晋献公宠爱骊姬而害死太子申生，驱逐重耳、夷吾，造成晋国内乱。重耳居住在蒲城，夷吾居住在屈城。晋献公派寺人履鞮到蒲城去刺杀重耳，重耳得到消息后赶快出逃，还没有出门，履鞮已经赶到，重耳只好爬上围墙出逃，履鞮赶上去，一刀砍来，砍掉了重耳一只袖口。现在山西省隰县还有"斩袪垣"地方，留有履鞮斩晋文公袖口的遗址。重耳便逃到狄国去，从此开始长达十九年的流亡生活，几十个贤士跟着重耳出逃。重耳到了狄国，狄人讨伐廧（qiáng）咎如，俘虏了两个妇女，名叫叔隗、季隗，送给重耳。重耳娶季隗，生伯儵、叔刘。将叔隗嫁给赵衰，生赵盾。在狄国一住十二年，晋献公死后，晋国内乱了一阵，公子夷吾在

重耳爬墙逃走

秦兵帮助下平定内乱，当了晋国国君，这就是晋惠公。晋惠公害怕重耳争位，在晋惠公七年（前644年），惠公派人到狄国去刺杀重耳。狄国是个偏僻小国，对重耳的事业没有多少帮助，晋惠公又派人来逐，于是重耳便与跟从亡人商量，说："从前我们到狄国，不是因为狄国对我们有帮助，而是它离晋国近，消息灵通，所以暂时在这里立足。如今看来，总不是长久之计，你们看到哪里去好。"咎犯说："齐国是个大国，齐桓公虽然老了，毕竟是一个霸主，听说管仲、隰朋死后，齐桓公想找个助手，我们不如到齐国去，依靠它为后援，以图发展。"大家都同意咎犯的看法，就启程到齐国去。临行前，重耳对季隗说："等我二十五年，我不回来，你就嫁人。"其妻笑着说："等你二十五年，我坟头上的柏树都长大了。虽然这样，我还是要等你回来。"此后，在重耳漫长的逃亡岁月中，其妻辛勤劳作，抚养重耳的儿子。重耳继位后，感念其妻的坚贞和贤惠，马上派人接他的妻子，并立她为王后。

　　重耳到了齐国。齐桓公喜出望外，在正殿接见重耳，询问他路上的情况和晋国的形势。齐桓公知道重耳是个了不起的人，便想笼络他帮助自己继续霸业。于是便将宗室之女嫁给重耳，名叫齐姜。并为他建造了府邸，亭台楼阁，雕梁画栋，雄壮巍峨，富丽堂皇。还赐马二十乘，重耳外出，四匹高头大马拉着一辆大车，坐在车里，气宇轩昂，威风凛凛，在家则锦衣玉食，又有美人侍奉。重耳自从离开晋国，到处奔波，受尽了各种苦楚，今天享受荣华富贵，早已心满意足。不是在家饮酒作乐，就是外出打猎游玩，把事业丢到九霄云外，乐而忘返。一住五年，不想离开。咎犯、赵衰等从亡的人担心重耳这样下去，会失去进取精神。有一天，他们在郊外桑林里商量这件事。咎犯说："公子在这里一住五年，留恋齐姜，安于逸乐,丧失远大志向,长此以往,怎么办呢?"赵衰说:"我们把重耳请到这里来,说服他离开齐国,设法回晋国去创立大业,我看公子一定会答应。"狐毛说:"公子不答应怎么办?"先轸说:"要公子离开,先要做齐姜的工作,如果取得齐姜的支持,事情就好办了。"便推咎犯去做齐姜的工作。他们你一言,我一语,讨论得非常热烈,不料桑林中有人,他们的话统统被前来采桑叶的齐姜的婢女听到了,便把重耳的从者商量的话原原本本告诉了齐姜。齐姜怕走漏风声,害了重耳,便将采桑的婢女杀死。晚上,重耳回房,齐姜对重耳说:"您有建功立业的远大志向,准备离开齐国,我支持您,我已把听到你们谋划的人杀掉了,您放心地走吧!"重耳说:"没有这回事。"齐姜说:"公子,您还是赶紧离开齐国去创立基业吧!留恋妻子,安于逸乐,将会败坏您的名声和功业。"重耳不答应,说:"人生只求安乐,不必想其他的事,我今后就死在这里吧,不想离开了。"齐姜是个深明大义的女子,便苦苦相劝说:"您是一国的公子,穷困潦倒来到这里。随从您的人,目的是为了建功立业,即使您不为自己着想,也要替那些跟您逃亡的人着想。您不赶紧回国,登上君主的宝座,报答为您效劳的功臣,而是贪恋女色,我为您感到羞耻。您不求上进,什么时候能成功啊!"重耳不听。姜氏是一个有远见、识大体的人,便找咎犯商量,咎犯正要找姜氏,请她帮忙。二人不谋而合,便策划使重耳离开齐国的方法。咎犯说:"我们还是找个机会,把重耳灌醉,强迫他离开齐国,一旦上路,就由不得他了。"齐姜也表示赞成。于是齐姜与咎犯等人合谋将重耳灌醉,用马车载着他上路了。这样,又经历许多艰辛,公子重耳出逃十九年后,才回到故里,并以六十二岁的高龄当上了晋国的国君,成就了一番霸业。

综观重耳坎坷的一生,他能以春秋五霸之一垂名青史,确有许多因

咎犯谋划灌醉重耳

素。其中,他个人的素质能力在他成就霸业的过程中起了很大作用,赵衰、咎犯等人忠心事主,多方辅助,不管前面有多少艰难困苦,他们从不放弃努力,他们的忠心不仅感动了重耳的妻子,也使重耳能在困窘中逐渐振作起来。而他的两位贤惠而又有远见的妻子也给他助了一臂之力。古人云:食色,人之性也。如果重耳客居齐国,他的夫人也沉湎于夫妻相悦、男欢女爱的小天地之中,那重耳未必会在历史上留下他的一席之地。历史显然非常垂青于重耳,让他在自己传奇般的一生中,既得忠臣,又遇贤妻。于是,重耳的经历又印证了一句古话:妻贤夫祸少,国难识忠臣。

晋世家·文公

晋文公重耳,晋献公之子也。自少好士[1],年十七,有贤士
<small>晋文公重耳,是晋献公的儿子。从小就喜欢接近士人,他十七岁时,身边已经有五个贤</small>
五人:曰赵衰;狐偃咎犯,文公舅也;贾佗;先轸;魏武子。
<small>士:一是赵衰;二是狐偃咎犯,他是晋文公的舅舅;三是贾佗;四是先轸;五是魏武子。早在晋</small>
自献公为太子时,重耳固已成人矣。献公即位,重耳年二十一。
<small>献公做太子时,重耳已经长大成人了。献公即位时,重耳二十一岁。献公十三年(前664年),</small>
献公十三年,以骊姬故,重耳备蒲城守秦。献公二十一年,
<small>因为骊姬的缘故,重耳被派到蒲城防守秦国。献公二十一年(前656年),晋献公杀了太子申</small>
献公杀太子申生,骊姬谗之,恐,不辞献公而守蒲城。献公
<small>生,骊姬又进一步谗害重耳,重耳非常害怕,没有去向献公告辞就匆忙赶回蒲城防守自卫了。献</small>
二十二年,献公使宦者履鞮趣杀重耳[2]。重耳逾垣,宦者遂斩其
<small>公二十二年(前655年),晋献公派宦官履鞮赶到蒲城去杀重耳。重耳紧急跳墙而逃,履鞮追上</small>
衣袪。重耳遂奔狄。狄,其母国也。是时重耳年四十三。从
<small>去砍断了重耳的衣袖。重耳就逃到了狄国。狄国,是重耳母亲的娘家。这时,重耳已经四十三岁。</small>
此五士,其余不名者数十人,至狄。
<small>跟从重耳到狄国的,除了上述五个贤士之外,其他不知姓名的还有数十人。</small>

---

1 士:三代及春秋时最低一级的贵族阶层,他们多为卿、大夫们的家臣。
2 履鞮:又作"勃鞮",《左传》作"披"。

狄伐咎如[1]，得二女：以长女妻重耳，生伯鯈、叔刘；
<small>狄国攻打咎如，俘获了两个姑娘，就把其中年纪大的嫁给重耳，后来生了伯鯈和叔刘；</small>
以少女妻赵衰，生盾。居狄五岁而晋献公卒，里克已杀奚
<small>又把年纪轻的嫁给赵衰，后来生了赵盾。重耳在狄国住了五年，晋献公就死了，大夫里克又先</small>
齐、悼子，乃使人迎，欲立重耳。重耳畏杀，因固谢[2]，不
<small>后杀死奚齐与悼子，并派人来接重耳回国，打算立重耳为国君。重耳担心回国被杀，因此坚决</small>
敢入。已而晋更迎其弟夷吾立之，是为惠公。惠公七年，
<small>拒绝，不敢回国。不久，晋国就改接重耳的弟弟夷吾回国，立为国君，这就是晋惠公。惠公七</small>
畏重耳，乃使宦者履鞮与壮士欲杀重耳。重耳闻之，乃
<small>年（前644年），晋惠公对重耳放心不下，就派先前刺杀重耳的那个宦官履鞮与壮士一起去杀</small>
谋赵衰等曰："始吾奔狄，非以为可用与，以近易通，故
<small>重耳。重耳知道后，就与赵衰等人商量说："当初我逃到狄国，不是想靠它东山再起，而是因</small>
且休足[3]。休足久矣，固愿徙之大国。夫齐桓公好善，志在
<small>为它离晋国近，交通方便，所以暂且栖身。如今我们已在这里住得很久了，我愿意转移到大国</small>
霸王，收恤诸侯。今闻管仲、隰朋死，此亦欲得贤佐，盍
<small>中去。那齐桓公为人好善，一心想当霸主，乐意收留和帮助诸侯。如今又听说管仲、隰朋都死了，</small>
往乎？"于是遂行。重耳谓其妻曰："待我二十五年不来，
<small>他也正想等到贤能之士的辅佐，我们何不到齐国去呢？"于是大家就起身上路。临行前，重耳</small>
乃嫁。"其妻笑曰："犁二十五年[4]，吾冢上柏大矣。虽然，
<small>对他妻子说："等我二十五年，如果还不回来，你就嫁人。"他妻子笑着说："再等二十五年，</small>

---

1 咎（gāo）如：赤狄别种。在今山西太原一带，一说在今河南安阳市西南。
2 固谢：坚决拒绝。
3 故且休足：暂且栖身。
4 犁：通"黎"。迟也，等待。

妾待子。"重耳居狄凡十二年而去。
我坟上的松柏都长大了。虽然这样，我还是会等你的。"重耳在狄国一共住了十二年才离开。

过卫，卫文公不礼。去，过五鹿[1]，饥而从野人乞食，野
重耳等人经过卫国，卫文公没有以礼相待。重耳离开卫国，路过卫国的五鹿时，十分饥饿，就向

人盛土器中进之，重耳怒。赵衰曰："土者，有土也，君其
当地平民讨吃的东西。那人把烂泥装在器物中给重耳，重耳非常生气。赵衰劝阻说："给你土，预示着

拜受之。"
你将来拥有土地，你应该拜谢接受下来。"

至齐，齐桓公厚礼，而以宗女妻之，有马二十乘，重
到了齐国，齐桓公对重耳招待备至，还把宗室的姑娘嫁给了重耳，称齐姜。又给了八十匹马，重

耳安之。重耳至齐二岁而桓公卒。会竖刀等为内乱，齐
耳因此乐不思蜀了。重耳到齐国两年以后，齐桓公死了。这时竖刀等就在齐国发动叛乱，后来齐孝公立为

孝公之立，诸侯兵数至。留齐凡五岁。重耳爱齐女，毋
国君，这期间诸侯的军队多次赶到齐国来。重耳留在齐国一共五年。他热恋齐国的妻子齐姜，不愿意离开。

去心。赵衰、咎犯乃于桑下谋行。齐女侍者在桑上闻
赵衰和狐偃、咎犯就躲在桑叶树下，商量促使重耳上路的方法。重耳妻子齐姜的侍女正好在树上听到这件

之，以告其主。其主乃杀侍者，劝重耳趣行。重耳曰：
事，回去立即报告了主母齐姜。齐姜却杀死侍女，劝重耳赶快离开齐国。重耳说："人只要活得安稳快乐，

"人生安乐，孰知其他！必死于此，不能去。"齐女曰：
哪里还管得了其他事情！我宁愿死在这里，也不想离开了。"齐姜劝导重耳说："你作为一个大国的公子，

"子一国公子，穷而来此，数士者以子为命。子不疾反
因一时窘困来到这里，而跟随你的那几个士人却把命运寄托在你身上。你不尽快返回国家，报答那些随你

---

[1] 五鹿：卫邑，在今河南省濮阳市东北。

国，报劳臣，而怀女德，窃为子羞之。且不求，何时得
奔波劳累的臣子，却在这里贪恋女色，我为你感到惭愧。再说，不及时努力追求，那什么时候才会成功呢？"

功？"乃与赵衰等谋，醉重耳，载以行。行远而觉，重
于是就与赵衰等人商量，用酒把重耳灌醉，放上车子拉走。车子走了很长一段路，重耳才酒醒，发现大家

耳大怒，引戈欲杀咎犯。咎犯曰："杀臣成子，偃之愿
强迫他上路，愤怒极了，就拿起戈来要杀狐偃咎犯。咎犯说："如果杀死我能成全你的事业，这正是我的

也。"重耳曰："事不成，我食舅氏之肉。"咎犯曰："事不
心愿。"重耳生气地说："如果事情不成功，我要吃了你这个舅舅的肉。"咎犯又说："假如事情失败了，

成，犯肉腥臊，何足食？"乃止，遂行。
我的肉腥臊乏味，哪里值得吃？"重耳只好罢休，与大家一道离开了齐国。

▲ 齐相御妻（汉刘向撰、明仇英绘《列女传》）

晏平仲御者之妻

　　这是一个贤内助鼓励丈夫成才的故事,非常有趣。晏子名婴,字平仲,是春秋时齐国景公的国相。他个子矮小,却很有才干,长于政治和外交,在诸侯列国享有很高声望。替晏平仲赶车的车夫却身高八尺,按现在来说,有一米八四,是个高个子。晏平仲身高六尺,只是一个一米四的矮个子。两人走在一起,一个高大,一个矮小,而高个子伺候矮个子,单看外表就很有趣,直观上总觉得不合理。高高大大的个子,就给人以伟岸的感觉。但身份地位、权力是不能改变的,高个子是车夫,矮个子乃一国之相,那地位没法比。车夫就要恭恭敬敬地伺候长官,这是没得商量的。

　　晏平仲为人平易近人,不摆架子。晏子的车夫自以为给一国之相赶车,已经是比上不足、比下有余的了。一个国家只有一个国相,给国相赶车的人也只有一个,月亮借太阳的光不也有了光辉?我虽然是一个车夫,天天伺候国相,自然也很光荣。恰好晏子这个国相又很随和,不轻易责备下人。所以这个车夫扬扬自得,目空一切,举手投足都显得趾高气扬。车夫的老婆是一个很有见识而又聪明绝顶的妇女。她看不惯丈夫的举止行为,伺候长官要谦虚,再说一个仆人,有什么了不起的。这个妻子不生气,不吵架,提出要与丈夫离婚。丈夫问其原因,妻子于是把作为车夫的丈夫与齐相晏子做了对比,从地位,从身份,从身高,从思想意识,一一做了对比,不用批评,而比直接批评还难受。一个人能力有大小,地位有高低,可是品德

驾车人之妻看不惯其行为

修养没有止境，没有贵贱之分，而有高下之别。这位贤内助妻子，巧妙地劝丈夫要向晏子学习，谦虚谨慎，修养品德。这位车夫也很开明，觉得老婆有见识，说得有理，立即照办，修养品德，举手投足有了礼貌，简直换了一个人，引起了晏子的注意，甚至感到了奇怪。晏子问明了原因，也十分感动。车夫的进步，表明了这是一个可以造就的人才，又有贤内助相帮，一天比一天更好，于是举荐提拔这个车夫做了齐国的大夫。

这个故事衬托了三个人物。车夫自新进步，晏子爱才，看重人的进步，而车夫的妻子更是一个了不起的妇女，她连名字都没留下，但她的品德、思想、聪慧，通过帮助丈夫的进步而流传下来，值得后人学习、敬仰。

管晏列传·晏子

晏子为齐相，出，其御之妻从门间而窥其夫[1]。其夫为
<small>晏子是齐国的国相。他有一次外出，晏子车夫的老婆从门缝里偷偷地看她的丈夫。</small>

相御，拥大盖[2]，策驷马[3]，意气扬扬[4]，甚自得也。既而归，
<small>她的丈夫替齐相驾车，扶持着大车盖，鞭打着大车的马，得意扬扬，非常满意自在。办完</small>

其妻请去，夫问其故，妻曰："晏子长不满六尺[5]，身相齐
<small>公事回到家，车夫的妻子要求离开他，丈夫问其原因，妻子说："晏子身高不到六尺，却</small>

国，名显诸侯。今者妾观其出，志念深矣，常有以自下
<small>做了齐国的国相，扬名天下。今天我看他外出时，思虑深沉，总是显出谦虚的样子。而你</small>

者[6]。今子长八尺，乃为人仆御，然子之意自以为足，妾是
<small>身高八尺，才不过是一个赶车的仆人，你的神情却显得很满意，我因此要求离开你。"从</small>

以求去也。"其后夫自抑损[7]。晏子怪而问之，御以实对。
<small>这以后，这位丈夫谦虚起来，抑制自己的感情。晏子感到很奇怪，就问车夫是什么原因，</small>

晏子荐以为大夫。
<small>车夫一五一十说了。晏子便推荐他做了齐国的大夫。</small>

---

1 门间：门缝。窥：偷偷地看。
2 拥：抱持。大盖：大伞，即车盖。
3 驷马：卿相所乘的车子，套四匹马。驷，即四马。
4 扬扬：得意的样子。
5 六尺：汉以前一尺当今23厘米。人高六尺，约140厘米，是一个矮子。
6 自下：躬自卑下。
7 自抑损：谦退自抑。

赵括母上书谏赵王

战国时赵将赵括纸上谈兵，丧师四十五万，使赵国差点被灭亡。这是大家熟知的故事。

赵括志大才疏，夸夸其谈，误国误家，害了自己。赵括的母亲却是一个很有识见，不护短，敢讲真话，爱国爱家的好母亲。赵括母谏说赵王，指陈儿子缺点的故事却鲜为人知。

赵括的父亲赵奢是赵国的一员名将，与廉颇齐名，封马服君。赵奢在阏与之战中大破秦师二十万，因而名震诸侯。但赵奢与儿子赵括谈论起兵法来，赵奢辩不过儿子赵括。赵奢担心，儿子将来误国，因而忧心忡忡。赵括母见儿子如此聪明善辩，着实喜欢，认为他很有出息。想不到丈夫，即儿子的父亲却不以为然，批评儿子，以致心事重重。赵括母向赵奢询问原因。赵奢说："打仗是一件难事，它关系到士兵的死亡，国家的安危，赵括却说得那么容易，轻浮得很。赵国不用他为将便罢，如果赵国用他为将，那就要祸害国家了。"赵括母觉得丈夫说得有理，也多了一个心眼，时时处处观察儿子的所作所为，不时将两父子作对比，发现两父子为人处世大不相同，赵括果然轻浮，不是一个栋梁之材。作为母亲，赵括母希望自己的儿子能出人头地，有所作为；可是作为赵国的臣民，她又不能不为她的国家着想。她先是劝阻她的儿子不要带兵打仗，误国误民，可是赵括哪里听得进去。公元前260年，赵孝成王中了秦的反间之计,临阵易帅,派赵括取代廉颇,率领四十多万大军抗击秦兵。赵括母心急如焚,立即上书赵王说赵括不宜为将。赵王召

赵括之母熟知儿子的缺点

见赵括母,疑惑地问:"为什么呢?您的儿子读了许多兵书,是个难得的人才。连秦国都传言不怕廉颇,而怕赵括担任赵国的统帅,您为什么却要阻拦呢?"赵括的母亲又说:"当初我嫁到赵家的时候,赵括的父亲正在做大将军,他结交的朋友,有数百人之多,还有数十人被他奉为师长,亲自奉进饮食,经常向他们请教。国君及贵族赏赐给他的财物,他

全部都分给士卒谋臣们享用了。从他受命之日起,就不再过问家事,而专心筹划军机去了。而今天,赵括才当上将军,马上就架子十足地朝东坐着接见部下,使得部下连抬起头来看看他都不敢,更不用说给他出谋划策了。陛下赏赐给他的金玉币帛,他都带回家来,妥为收藏,他每天想的不是军机大事,而是非常留意哪里有肥田美宅,要是能买的,他都买下来。陛下您看,他这哪里像是一个统率千军万马的将军所为呢?他和他父亲的做法全然不同,请陛下千万别派他去领兵打仗。否则,会害了赵国的。"可是,赵孝成王不以为然,况且君命已下,如何收回?于是赵孝成王说:"老夫人,您多虑了。我的决心已下,您不用再多说了。"赵括的母亲一看赵王的成命不可收回,她感到非常悲哀而又无奈,她已经预料到国破家毁的那一天。为了保全自己的性命,她又对赵王说:"如果大王一定要用赵括,我也不再说什么了。只是日后不中意,能否赦免我不受株连呢?"赵王认为赵括不会打败仗,于是就答应了赵括母亲的请求。赵括果然打了败仗,全军覆没,赵括死于战场,赵国差点灭亡。由于有言在先,赵王没有追究赵括母亲。

人们常说,知子莫如父,莫如母。但知道儿子的父母又有几个不护短的呢?赵括母深明大义,跳出了世俗感情,以国家利益为重,教子、谏王,可惜赵括、赵王都听不进去,造成了个人和国家的悲剧。

▲ 赵括之母（汉刘向撰、明仇英绘《列女传》）

廉颇蔺相如列传·赵括

赵括自少时学兵法，言兵事，以天下莫能当[1]。尝与
赵括从小时候起就学习兵法，谈论打仗，自认为天下的人没有谁比得上。曾经与父

其父奢言兵事，奢不能难[2]，然不谓善[3]。括母问奢其故，
亲谈论军事，赵奢难不倒他，但是仍说赵括不懂兵机。赵括母亲问赵奢什么缘故。赵奢

奢曰："兵，死地也[4]，而括易言之。使赵不将括即已，若
说："打仗，是置生命于死地的事，赵括把它说得轻而易举。赵国不用赵括为将是万幸，

必将之，破赵军者必括也。"及括将行，其母上书言于王
倘若一定要用他为将，葬送赵军的一定是赵括。"等到赵括将要出征，赵括母亲上书赵

曰："括不可使将。"王曰："何以？"对曰："始妾事其
王说："赵括不可为将。"赵王问："有什么根据？"回答说："当初我侍奉赵括的父亲，

父，时为将，身所奉饭饮而进食者以十数，所友者以百
他正为将军，亲自捧着饮食招待吃喝的部属有数十人，所交的朋友有上百人，大王及宗

数，大王及宗室所赏赐者尽以予军吏士大夫[5]，受命之日，
室给他的赏赐全部分给部属军吏和幕僚。从接受出征命令的那一天起，从不过问家事。

---

1 莫能当：没有谁能比得上。当，匹敌。
2 难：驳倒。
3 不谓善：不以为然。
4 兵，死地也：用兵作战，是置生命于死地的事，言外之意要慎之又慎。
5 军吏：部属，军官。

不问家事。今括一旦为将，东向而朝[1]，军吏无敢仰视之
如今赵括做将军，大模大样朝东坐着接见部属，军吏没有谁敢抬头看他。大王所赐金帛，
者。王所赐金帛，归藏于家，而日视便利田宅可买者买
拿回来收藏在家里，每天查找哪里有便宜的土地房屋出卖的就买下来。大王估量一下，
之。王以为何如其父？父子异心，愿王勿遣。"王曰："母
他哪一点比得上他父亲？父子思想完全不同，希望大王不要派遣他。"赵王说："做母
置之[2]，吾已决矣！"括母因曰："王终遣之，即有如不称，
亲的不要管这事，我已做出了决断。"赵括母亲说："大王一定要派遣他，如果不称职，
妾得无随坐乎？"王许诺。
我不要受株连可以吗？"赵王答应了。

赵括既代廉颇……军败，数十万之众遂降秦，秦悉坑之。
赵括代替廉颇为将……打了败仗，几十万赵军于是投降了秦军，被秦军全部活埋。赵王因为事先
赵王亦以括母先言，竟不诛也。
答应了赵括母亲的请求，终于没有诛杀她。

---

1 东向而朝：面东坐下接见部属。面东，自处尊位。
2 母置之：做母亲的不要管这事。置之，丢开这事。

▲ 陈婴母（明·黄尚文《女范编》）插图

陈婴母深明大义

秦末东阳县小吏陈婴,为人一向有信用,人们称为敦厚长者。秦二世元年,陈胜起义,点燃了燎原大火,各地纷纷响应,几百人、几千人、几万人的队伍遍布全国,各立山头,称王称侯。

东阳县青年杀了县令,共同推举陈婴为首领。很快队伍壮大,有两万多人,是一支声势浩大的起义军。陈婴称王拿不定主意,他去找母亲

陈婴听从母亲的劝告

商量。

陈婴母亲是一个很有主见的妇女。她对陈婴说:"我听说称王的人要有根基。自从我嫁到你们陈家,至今没听说陈氏祖上出过贤人,你现在突然称起王来,太显眼了,不是好兆头。我看还是去找一个靠山,成功了可以封侯,失败了也便于逃亡,以免树大招风。"陈婴听从了母亲的忠告。这时项梁引兵从江南北上,陈婴领众投靠了项梁。与项梁共立熊心为楚怀王,陈婴担任了楚国上柱国的高官。

陈婴归楚,带动了两淮起义许多支分散的起义军投到项梁麾下。项梁渡江只有众八千,一路北上,很快壮大成为十余万人的大军,是抗击秦军的中坚。陈婴母深明大义,教子有方,对项梁这支主力起义军的发展,起了很大的作用。

项羽本纪·陈婴

　　陈婴者，故东阳令史[1]，居县中，素信谨[2]，称为长者[3]。东
<small>陈婴这个人，原是东阳县衙的小吏，为人一向诚实谨慎，被称为长者。东阳的年</small>
阳少年杀其令，相聚数千人，欲置长，无适用，乃请陈婴。
<small>轻人杀死县令，聚集几千人，想推举首领，没有适宜的人，来请陈婴。陈婴以才能不及</small>
婴谢不能，遂强立婴为长，县中从者得二万人。少年欲立
<small>来谢绝，于是大家强行立陈婴为首领，县中跟从的有二万人。年轻人想拥立陈婴就地称</small>
婴便为王[4]，异军苍头特起。陈婴母谓婴曰："自我为汝家
<small>王，用青巾裹头，标明是异军特起。陈婴母亲对他说："自从我做了你家的媳妇，还没</small>
妇，未尝闻汝先古之有贵者[5]。今暴得大名[6]，不祥。不如有
<small>有听说你家先祖自古以来有过显贵的人。现在忽然获得大的名声，不是好兆头，不如有</small>
所属，事成犹得封侯，事败易以亡。非世所指名也。"婴乃
<small>所归属，事情成功了能够封侯，事情失败了也容易逃亡，并非世人特别注意的人物。"</small>
不敢为王，谓其军吏曰："项氏世世将家，有名于楚，今欲
<small>陈婴于是不敢称王，对他的军吏说："项氏世世代代为将军，有名望于楚国。现在想发</small>

1　东阳：秦县名，县治在今安徽天长西北。令史：县令属下的小吏。
2　信谨：厚道，谨慎。
3　长者：有德行的人。
4　便：就，即。
5　先古：祖先。
6　暴：突然。

陈婴母深明大义

举大事,将非其人不可。我倚名族,亡秦必矣。"于是众从
动大事,离开了项氏怕是不行的。我们依靠名家大族,灭亡秦朝是一定的。"这时众人

其言,以兵属项梁。
听从他的话,以军队归属项梁。

张负慧眼识陈平

唐代文学家韩愈有言:"世有伯乐,然后有千里马。千里马常有,而伯乐不常有。"(《杂说》)千里马尚有伯乐而后显,人才难得,其因在识人者难得。识人的伯乐,比识千里马的伯乐要复杂得多。有伯乐之心而无伯乐之才者,不能识人才;有伯乐之才而无伯乐之心者,更不能识人。更有甚者,互相倾轧,窝里斗,司空见惯,人才毁于内耗,更难脱颖而出。乱世出英雄,不仅时势造就,更是时势需要因而人才往往脱颖而出,而伯乐者亦多有焉。

话说西汉开国功臣之一,谋略家陈平,最早识得他的却是一个乡下富人,连名字也没留下的张老大娘,史称张负。"负"字,是对老年妇女的敬称。张负,就是张老大娘。

陈平是秦阳武县户牖乡人。阳武县治,在今河南省原阳县东。陈平出身农家,早年父母双亡,家境贫寒,全靠贤良的哥哥陈伯养大。陈伯,以排行称呼,就是陈老大。陈伯极爱弟弟,他务农种地,辛辛苦苦积攒些钱供陈平读书求学。陈平长得高大魁梧,相貌堂堂。有人背后议论说:"家里那么穷,这小子吃了什么东西长得那么好!"陈平的嫂子嫌弃他不干活白吃饭,就说:"也不过吃糠咽菜罢了。有这样的小叔子,还不如没有。"陈伯知道后,害怕弟弟受委屈,就把妻子赶走不要她了。

户牖县有个富有的张大娘,大家都叫她张负。张负的孙女张氏嫁了五次，嫁一次就死一个丈夫。她虽然不胜伤心，但并没有沉溺于哀怨之中，难以自释，也不故意显示不幸，期待廉价的同情。虽然没有人再敢娶她，她也不丧失信心。她一方面帮助祖母料理家务，一方面等待机会，再建家庭。张负赞赏孙女的坚强洒脱，也积极为孙女物色意中人。

陈平胸存大志，交游豪侠，花费较大，而自己家贫急需有人资助。陈平长得一表人才，想讨一个才貌双全的老婆。张负孙女，有才又有貌，家中又殷实，他看中了张负的孙女，无奈自己家贫，没有托人敢把这事提出，只是闷在肚子里。

不久，乡里有个大户人家办丧事，请陈平帮忙料理。陈平把管事人员和仆人分成五组，每组分两班，分别负责茶饭、伺候守灵、保管器具、照看门户、打扫卫生，规定他们点卯、吃饭、交班、领取物品的时间。陈平的细微，杜绝了人员混杂、事无专职、丢失东西、滥支冒领的混乱现象，把丧事办得井井有条。陈平布置妥帖后，为多得点报酬，贴补家用，每日早去晚归。仆人们更是兢兢业业，不敢偷懒。张负作为丧家的客人把这一切都看在眼里，记在心里，相中了陈平。

丧事结束后，张负向陈平提出，要拜访陈家。陈平心领神会，欣然答应。张负到了陈家，陈家坐落在靠近城墙的一条偏僻小巷子里。一条破席挂在门上挡风遮雨，但门外却有很多贵人留下的车轮印迹。张负回家后，对儿子张仲说："我打算把孙女嫁给陈平。"张仲说："陈平又穷又不下地干活，还结交一些不三不四的朋友，全县的人都耻笑他的所作所为，为什么咱家要和他结亲呢？"张负说："难道像陈平这样仪表堂堂的人会贫贱一生吗？"在张负坚持下，张氏嫁给了陈平。陈平囊中羞涩，张家就借钱给他作为聘礼，还送给他一些置办酒席的钱来娶亲。结婚前夜，张负又一

张负叮嘱孙女要尽妇道

次叮嘱孙女:"不要因为陈家穷,就不尽心服侍陈平。侍奉哥哥陈伯要像侍奉父亲一样,侍奉嫂嫂要像侍奉母亲一样。"张氏颔首微笑,连连答应。

陈平娶了张氏以后,经常得到岳家资助,手头日益宽裕,交游更加广泛,声誉日隆。张负慧眼识英雄,栽培了一代名相。

陈丞相世家

陈丞相平者，阳武户牖乡人也。少时家贫，好读书，有
<small>丞相陈平是阳武县户牖乡人。他年轻时家里很穷，但喜欢读书，有三十亩田，单身一人和他大哥</small>

田三十亩，独与兄伯居[1]。伯常耕田，纵平使游学[2]。平为人长大
<small>住在一起。他大哥长年累月在家里耕田种地，而听凭陈平外出求学。陈平为人高大，相貌堂堂。有些人</small>

美色[3]。人或谓陈平曰："贫何食而肥若是？"其嫂嫉平之不视家
<small>在背后议论陈平说："家里穷得叮当响，吃什么胖得这个样子？"陈平的嫂嫂怨恨陈平不在家干活，就</small>

生产[4]，曰："亦食糠核耳[5]。有叔如此，不如无有。"伯闻之，逐
<small>接口说："也不过吃些糠菜罢了。有这样的小叔子，还不如没有好。"陈平的大哥听到这种话，就把老</small>

其妇而弃之。
<small>婆赶走不要了。</small>

及平长，可娶妻，富人莫肯与者，贫者平亦耻之。
<small>等到陈平长大成人，可以娶妻成家时，那些富人都不肯把女儿嫁给他，娶贫苦人家的女儿陈</small>

久之，户牖富人有张负[6]，张负女孙五嫁而夫辄死，人
<small>平也感到羞耻。过了很久，户牖有个姓张的富婆，人称张负，她的孙女连着嫁了五次，丈夫先后都</small>

---

1 伯：大哥，老大。
2 纵：听凭。
3 长大：高大。
4 视：同"事"。
5 糠核：糠中的谷粒。
6 张负：姓张的老妇。负，通"妇"。

莫敢娶。平欲得之。邑中有丧，平贫，侍丧[1]，以先往
死了，没有人再敢娶她。陈平却想娶她。有一次乡里死了人，陈平因为家里贫穷，就去替人主持丧

后罢为助。张负既见之丧所，独视伟平[2]，平亦以故后
事。他为人帮忙，总是先到后退。张负在办丧事的地方见到了陈平以后，一眼就看中了，陈平也因

去。负随平至其家，家乃负郭穷巷，以弊席为门，然
为这个原因，每天很迟才离开。张负跟着陈平到了家里，陈平的家是个背靠城墙根的简陋住宅，用

门外多有长者车辙。张负归，谓其子仲曰："吾欲以女
破草席当门，但是门外却有许多有地位和身份的人往来停车的印迹。张负回去以后，对她的第二个

孙予陈平。"张仲曰："平贫不事事，一县中尽笑其所
儿子说："我打算把孙女嫁给陈平。"张老二说："陈平贫穷又不从事治家生产，全县中的人都取

为，独奈何予女乎？"负曰："人固有好美如陈平而长
笑他的所作所为，为什么偏要把女儿嫁给他？"张负说："像陈平这样一表人才的人怎么会永远处

贫贱者乎？"卒与女。为平贫，乃假贷币以聘，予酒
于贫贱之中呢？"终于把孙女嫁给了陈平。因为陈平家徒四壁，张负还借钱给陈平作聘礼，又替陈

肉之资以内妇。负诫其孙曰："毋以贫故，事人不谨。
平置办酒席娶媳妇。张负还告诫她孙女说："不要因为丈夫家穷，就对人家不恭敬。侍奉他哥哥要

事兄伯如事父，事嫂如母。"平既娶张氏女，赍用益
像侍奉父亲一样，侍奉他嫂嫂要像侍奉母亲一样。"陈平自从娶了张家的女儿做老婆以后，财货日

饶[3]，游道日广。
益宽裕，交游也越来越广泛。

---

1 侍丧：替人主持丧事。
2 视伟：看重。
3 赍用：《汉书》作"资用"。赍，同"资"，财货。

王陵母自杀激儿志

我国历史上有许多感人的故事，也有许多伟大的母亲，大家熟知的有孟母、有岳母……孟母多次搬家，为的是让孟子有一个良好的学习环境，孟母的努力造就了一代"亚圣"；岳母刺字"精忠报国"，她为国家贡献了一位名将。我们还可以举出许多例子。下面所讲的故事，也许不为人熟知，但它同样是非常感人的。读完这篇小故事，你就会又认识一位在乱世识时务的伟大母亲。她就是西汉开国功臣之一王陵的母亲。

王陵是沛县人，与汉高祖刘邦同乡里。王陵是沛县豪绅，又年长高祖，因此刘邦在起义前以弟弟对长兄之礼对待王陵。王陵个性粗豪，不喜欢装腔作势、阿谀奉承之辈。刘邦起兵反秦，王陵也拉了一支队伍，从感情上他不愿追随这个昔日当小弟弟的刘邦。王陵带领了一支游兵，有几千人，活动在南阳一带地方。

汉王刘邦还定三秦、出关东向与项羽争天下，这时王陵勉强追随了刘邦，仍然居留在南阳，是一支独立大队。项羽利用王陵的犹豫心理，派人拉拢王陵。项羽扣住王陵母亲，待为上宾，实际作为人质。王陵是个大孝子，他派使者到项羽军中打探消息。项羽盛情接待王陵使者，把王陵母亲安排在向东的尊位上，显示对王陵的敬重，想招降王陵。

项羽安排王陵的母亲送别王陵使者，希望老夫人替自己做招降工作。王陵母对比汉王与项王的为人与治事，预料到外强中干的项羽必然败在刘邦

王陵母预测项羽必败

手下,她为了儿子的前途,决定以死激儿志。王陵母对王陵使者说:"转告我儿王陵,他要尽孝就听从我的遗愿,好好辅佐汉王打天下,我以死来书写遗言。"于是自杀而死。王陵使者迅速离去。项羽知道了,恼羞成怒,将王陵母煮成了肉酱。从此,王陵死心塌地地跟随刘邦打天下。西汉建立,王陵封安国侯,惠帝时官至右丞相,在陈平之上(陈平为左丞相)。

▲ 王陵母（明·黄尚文《女范编》插图）

陈丞相世家·王陵

王陵者，故沛人，始为县豪，高祖微时，兄事陵。陵
王陵原是沛县人，当初是县里的一个豪绅，刘邦未发迹时，像兄长一样对待王陵。王陵为人不
少文，任气，好直言。及高祖起沛，入至咸阳，陵亦自聚
太讲究礼节，注重义气，喜欢直话直说。等到刘邦在沛县起兵造反，攻入咸阳时，王陵自己也聚集了
党数千人，居南阳，不肯从沛公。及汉王之还攻项籍，陵
数千人马，驻扎在南阳，不肯跟随刘邦。一直到刘邦回军攻打项羽时，王陵才带着手下的兵马归附刘
乃以兵属汉。项羽取陵母置军中，陵使至，则东向坐陵母，
邦。项羽把王陵的母亲抓来安置在军营里，等王陵的使者到时，就让王陵母亲坐在朝东的尊贵席位上，
欲以招陵。
想以此招降王陵。

陵母既私送使者，泣曰："为老妾语陵，谨事汉王。汉
王陵的母亲在私下去送使者，哭着说："替我转告王陵，好好事奉汉王。汉王是位仁厚的长者，
王，长者也，无以老妾故，持二心。妾以死送使者。"遂伏剑
不要因为我的缘故，对汉王三心二意。我现在以死来给你送行。"说完就用剑自杀了。项羽见状大怒，
而死。项王怒，烹陵母。陵卒从汉王定天下。
把王陵母亲的尸首放在锅里煮了。王陵从此一心一意跟着刘邦打天下。

▲ 清·赫达资《丽珠萃秀册·汉卓文君》

才女故事

五则

太史敫女自择婿

太史敫（jiǎo）女，就是战国时齐襄王后，史称君王后。君王后两大事迹值得评说。一是她自主婚姻，在古代是一件了不起的大事；二是她曾长期执掌齐国政权，与秦连横，奉行和平保境的外交国策，使齐国半个多世纪不卷入战争。秦王嬴政在统一六国的最后一战中，齐国不战而降，致使两国之间没有战争，促成了和平统一，这也是古代史上的一件大事。这两件大事，一件是个人终生的幸福大事，一件是维系一国安危的大事。这两件大事创造于同一个女性之手，说明君王后是一个不平凡的女子，但她的姓名都没流传下来，只晓得她是太史敫女。太史是官名，敫是人名，也可作为姓氏，齐国太史敫之女，其名不传，于是史书称为"太史女"，成为齐襄王后，称君王后。

话得从头说起。

公元前284年，燕昭王联合韩、赵、魏、秦五国之兵攻打齐国。燕将乐毅善于用兵，他打败了齐军，攻占了齐国七十二城，只剩下即墨和莒两座城邑未下。五国为何联兵攻齐，因为齐湣王凭着齐国强大，灭了宋国，夺了楚国淮北的一片土地，齐国又攻占燕国大片领土，四面受敌。燕昭王励精图治，是要报复齐国。齐湣王兵败以后，向楚国求救，割让淮北之地给楚国。楚国派大将淖齿率兵援齐，做了齐国的相，执掌了齐政。淖齿与燕将乐毅通谋，淖齿杀湣王，燕国分出一部齐地与楚。于是淖齿杀了齐湣王。而莒地的齐国遗民及士大夫不甘投降，起来杀了淖齿，保住了莒城。

齐湣王的儿子，太子田法章在齐湣王被害之后变易姓名躲到太史敫家为仆人，灌园种菜，没有人知道他的身世。太史敫女独有一双慧眼，她见法章仪表堂堂，举止有风度，知道他是一个落难之人，但并不知道他是王子。起初因为可怜法章，太史敫女私下送给他衣服、食物，时间一长，两人相爱了。法章把真实身份告诉了太史敫女，并向她求爱，两人于是热恋起来，私定终身。过了很长时间，人们到处寻找齐湣王太子法章，要奉为

田法章一见钟情

太史敫女自择婿

国主。法章显露了身份，在莒城即位，这就是齐襄王，太史敫女名言正顺成了齐襄王后。

古代男女婚姻，由父母之命，媒妁之言。君王后自主婚姻，太史敫感到羞辱，与君王后割断父女情，不承认这门亲事。但君王后十分温柔孝顺，她仍然尽人子之礼，孝顺父母，时间久了，又恢复父女关系，传为佳话。

齐襄王在莒地住了五年。齐将田单在即墨用火牛阵攻破燕军，恢复了齐国。齐襄王十九年（前265年），襄王死了，君王后所生儿子田建即位，史称齐王建。君王后临朝执政。她深感齐国差一点就完全灭亡，全国人民遭受战争兵灾的祸害，于是退出与东方六国的合纵，独立奉行与秦连横的外交政策。公元前260年秦赵长平大决战，赵国求救于齐，要求齐国发兵，供给粮食。齐国既不发兵一卒，也不送一草一粮，坐视赵军被秦国打败。秦国进行的是统一战争，赵国等败亡，灾祸必然要降临齐国，这一形势，君王后十分清楚。齐国与东方五国合纵，可以延缓秦国的统一进程，但不能阻止秦国的统一。君王后或许认识到这一天下大势，因此她保持齐国中立，既不援助五国，也不助秦进攻五国，因此齐国半个多世纪没有战争兵祸。公元前221年，秦国进兵齐国，齐国不战而降，秦军和平吞并齐国，这是齐王建奉行君王后的统一政策，是符合当时的历史潮流的。

太史敫女，齐国君王后，敢于自择夫婿，执掌政权奉行和平保境政策，在生活上和政治上都独具一格，是中国古代史上的一个奇女子。

田敬仲完世家

湣王之遇杀，其子法章变名姓为莒太史敫家庸[1]。太史敫女
_{齐湣王被杀害后，他的儿子法章改名换姓做了太史敫家里的仆役。太史敫的女儿发现法章的相貌风}
奇法章状貌，以为非恒人[2]，怜而常窃衣食之，而与私通焉。淖
_{度很特别，觉得他不是一个平常人，就同情地经常私下拿吃的穿的救济法章，并且私订了终身。淖齿等人离}
齿既以去莒，莒中人及齐亡臣相聚求湣王子，欲立之。法章惧
_{开莒国以后，莒国中有人和齐国逃亡在莒国的大臣互相聚集在一起，想找到齐湣王的儿子，立为国君。法章}
其诛己也，久之，乃敢自言"我湣王子也"。于是莒人共立法
_{害怕这些人杀害自己，不敢暴露身份，过了很久，才敢说："我就是齐湣王的儿子啊！"于是莒国人共同立}
章，是为襄王。以保莒城而布告齐国中："王已立在莒矣。"
_{了法章，这就是齐襄王。这些人保卫着莒城，又向齐国国内发布告示说："新的国王已经在莒城即位了！"}

襄王既立，立太史氏女为王后，是为君王后，生子建。
_{齐襄王即位后，立太史敫的女儿为王后，这就是君王后，后生儿子建。可是太史敫说："女}
太史敫曰："女不取媒因自嫁，非吾种也，污吾世！"终身不
_{儿没有媒人介绍就嫁了人，简直不是我女儿，玷污了我的名声！"因此终身都不肯再见君王后。}
见君王后。君王后贤，不以不见故失人子之礼。
_{但君王后非常贤惠，没有因父亲不肯见她而失掉了做女儿的礼节。}

襄王在莒五年，田单以即墨攻破燕军，迎襄王于莒，入临
_{齐襄王在莒城住了五年，田单依靠即墨城为基地，打败了燕军，从莒国迎回了齐襄王，齐襄王重}

---

1 庸：仆役。
2 非恒人：不是平常人。

太史敫女自择婿　231

菑。齐故地尽复属齐。齐封田单为安平君。
新回到了临淄。齐国原先的地盘又全部回到了齐国。齐襄王封田单为安平君。

十四年，秦击我刚寿。十九年，襄王卒，子建立。
襄王十四年(前270年)，秦国出兵攻打齐国的刚寿。十九年(前265年)，齐襄王死了，他的儿子建继位。

王建立六年，秦攻赵，齐楚救之。秦计曰："齐楚救
齐王建即位后六年，秦国攻打赵国，齐国和楚国都出兵援救。秦军做了这样的谋划："齐国和楚

赵，亲则退兵；不亲遂攻之。"赵无食，请粟于齐，齐不
国来救赵国，如果是全力以赴，秦国就退兵；若是三心二意，秦国就全力攻赵。"赵国粮食吃光了，向

听。周子曰："不如听之以退秦兵，不听则秦兵不却，是
齐国借贷，齐国不肯。周子劝谏齐王建说："不如答应赵国的借粮要求，以便使秦国退兵，否则的话秦

秦之计中而齐楚之计过也[1]。且赵之于齐楚，捍蔽也[2]，犹
兵不会撤退，这是秦国的计谋成功了，而齐、楚两国的计谋失败了。况且赵国对于齐、楚两国来说，是

齿之有唇也，唇亡则齿寒。今日亡赵，明日患及齐楚。
一种屏障，就好像牙齿和嘴唇的关系一样，唇亡则齿寒。今天让赵国灭亡，明天灾祸就会波及齐、楚两国。

且救赵之务，宜若奉漏甕沃焦釜也。夫救赵，高义也；
救赵是当前急务，如同捧着漏壶去灌救烧焦的锅子一样刻不容缓。救赵是一种高尚的行为，退却秦兵也

却秦兵，显名也。义救亡国，威却强秦之兵，不务为此
能使我们威名远扬。从道义说挽救了即将灭亡的国家，从国威说打退了强大的秦国军队，现在不赶紧做

而务爱粟，为国计者过矣。"齐王弗听。秦破赵于长平
这样的大事，却爱惜那一点粮食，制定国家政策的人这个失误就大了。"齐王建听了仍没有采纳。秦国

四十余万，遂围邯郸。
在长平打破了赵国四十余万军队的进攻，并包围了赵国国都邯郸。

1　计过：计短。
2　捍蔽：屏障。

十六年，秦灭周。君王后卒。

齐王建十六年（前249年），秦国灭了东周。这一年，君王后也死了。

四十四年，秦兵击齐。齐王听相后胜计，不战，以兵降秦。秦虏王建，迁之共[1]。遂灭齐为郡。天下壹并于秦，秦王政立号为皇帝。始，君王后贤，事秦谨，与诸侯信，齐亦东边海上，秦日夜攻三晋、燕、楚，五国各自救于秦，以故王建立四十余年不受兵。君王后死，后胜相齐，多受秦间金，多使宾客入秦，秦又多予金，客皆为反间，劝王去从朝秦，不修攻战之备，不助五国攻秦，秦以故得灭五国。五国已亡，秦兵卒入临淄，民莫敢格者[2]。王建遂降，迁于共。

齐王建四十四年（前221年），秦国的军队开始攻打齐国。齐王建听从了宰相后胜的意见，没有迎战，就率兵投降了秦国。秦国俘虏了齐王建，然后把他迁移到了共地。秦国就这样灭了齐国，把齐国改为秦国的一个郡。从此天下全部被秦国统一了，秦王政自称为始皇帝。当初，齐国的君王后十分贤明，又与诸侯各国建立了信用，加上齐国地处东海边，秦国夜以继日地攻打三晋及燕、楚两国，这五国在秦国的攻打下求生存，无暇他顾，所以齐王建即位四十多年没有受到外敌的攻打。等到君王后死了，后胜做齐国宰相以后，因为他多次接受秦国间谍的金钱贿赂，又多次派宾客到秦国去，秦国用金钱收买了这些宾客，这些宾客返回齐后都做了秦国的间谍，他们劝齐王建去朝见秦王，劝齐王建不要整修武器装备，不要去帮助五国攻打秦国，所以秦国才得以灭掉五国。五国灭亡以后，秦兵就进入临淄，人民因不习战而不敢起来反抗。齐王建也只好投降，被迁到了共地。

---

1 共：邑名，在今河南省辉县市。
2 民莫敢格：民不习战而不敢斗。

卓文君夜奔

西汉初年，蜀郡临邛（今四川省邛崃市）因其优越的地理位置和丰富的自然资源，富户众多。临邛城内有一财主卓王孙，看准这个机会，大肆扩充自己的势力，使自己一跃成为城内的首富。他的家中聚积了财富无数，仅奴仆就有八百多人。高楼大宅门前每天车马川流不息，宽敞的庭院内高朋满座，觥筹交错，来往的客人都是临邛的知名人士、王公富户。殷实富庶的卓府，好似临邛的一座人间天堂。然而，就在这人人羡慕的卓府大院内，偶尔也能听到一两声怨妇的叹息。

原来，卓王孙有一个女儿，名叫卓文君，她从小深得家人宠爱，且容貌出众，聪明过人，琴棋书画，无一不精，尤其擅长音乐，有很高的音乐天赋。然而，就是这样一个多才多艺的美貌女子，在她刚刚步入花季之年时，便被她的父亲许配给同城的一富户之子为妻。过门不久，其夫夭折。这个沉重的打击，使文君一下子坠入了无助的深渊。眼见爱女日子凄苦，卓王孙便将女儿接回家中，让她在娘家过着深居简出的寡居生活。可知书识字的卓文君，不甘心听从于命运对她的这种安排，不愿意好端端的年华随风飘走，总幻想着有一天能冲出这深宅大院，寻找一种新的生活。可是在西汉这样一个封建社会里，一个弱女子有什么办法改变自己的命运呢？于是，在轻歌曼舞的卓王府里，便时时能听到卓文君那一声声不甘听从命运摆布的叹息。

这时，一个偶然的机会，改变了文君的生活路。

临邛当时的县令叫王吉，爱结交有识之士。他有一个好朋友，是汉初的一位辞赋家，王吉与他的交往无意中促成了一段美好姻缘，演绎了一出才子佳人的千古美谈。

王吉的这位好朋友叫司马相如，字长卿，西汉时期蜀郡成都人。司马相如从小便喜欢读书，也爱好剑术。此人满腹经纶，胸怀大志，特别崇拜战国时期赵国的著名大臣蔺相如。他立志要做一个像蔺相如那样的人，为此，他给自己取了一个学名叫相如。司马相如二十来岁的时候，凭借家庭财富被推选担任了京城中的卫士。汉景帝时，又当上了武骑常侍（皇帝的随身警卫）。司马相如的特长是文学。可是当朝的汉景帝偏偏是一个不爱好文学的帝王，他的兴趣是打猎。司马相如陪着景帝打猎，常常感到兴趣索然，怎么也提不起劲，讨不到景帝的欢心，因此也不能受到朝廷的重视。相如感到非常苦闷，心中暗暗生出离意。

一次，梁孝王刘武（景帝之弟）到长安拜见景帝，有一批文人跟他一道来了。其中一人叫邹阳，一人叫枚乘，一人叫严忌，都是当时很有名气的文士。司马相如同他们交游，一见如故，非常融洽。相如觉得自己终于有幸遇到了知音同好。这时候，恰好他生了一点小毛病，因此索性辞掉了武骑常侍，投到梁孝王门下，与梁孝王一起，来到了梁国（今河南省商丘市）。在这里，他如愿以偿，做了梁孝王的文学侍从。与诸名士同住、同吃，相处了数年，他的名作《子虚赋》就是在这期间问世的。

然而，好景不长。梁孝王死后，司马相如他们这批文人失掉了靠山，只好各奔东西。司马相如回到阔别多年的故乡成都。但此时，成都老家家道已经衰落。而相如除了会写文章外，又干不了什么事情。且口吃的毛病一直没改，处境顿时窘迫起来。迫于生计，相如想到了以前的好朋友王吉，经过了多方打探，得知王吉做了临邛县令，于是修书一封，托人带到临邛，恳请王吉助己一臂之力。王吉一贯佩服相如的文才，也非常讲义气。他收到司马相如的求助信后，立即回书一封，邀请相如到临邛。濒于绝境的相如得到好朋友相助，自然高兴万分，欣然来到临邛。

小小的临邛县城来了曾做京官的大才子，且又与县令是好朋友，临邛县沸腾起来。人们争相打探相如的情况，希望一睹"才子"的风貌。临邛的富户们都带着好奇的目光打量着县令身边这个"外乡人"，千方百计地寻找机会接近他。一时间，司马相如的到来，成了临邛人茶余饭后的谈资。

幽居深闺的卓文君，与外界几乎断绝了联系，临邛县的这一大新闻对她没有任何冲击。直到有一天，她的贴身婢女将司马相如的事讲给她听，她才知道县城里来了一个才子。然而，处于自叹自怜困境的卓文君最初并未把相如的到来与改变自己生活的事联系在一起，不过是听听市井传闻打发无聊的时光而已。婢女每天从其他仆人处打探司马相如的事情，然后讲给卓文君听，孤陋寡闻的卓文君，听了司马相如的种种事情以后，死如枯槁的心渐渐复生，枯燥乏味的寡居生活也变得有了一点盼头。从此以后，当父亲的客人们在客厅里、饭桌边大声谈论司马相如时，当卓府的下人们三五成群聚在一起议论司马相如时，文君不再是厌恶地躲开，而是悄悄地隐藏在一个角落，静静地听、细细地想，偶然还会露出一丝微笑。在她的心里，一个多才多艺、潇洒飘逸的才子形象逐渐清晰，她开始对司马相如感兴趣了。

卓文君的细小变化，瞒不过与她朝夕相处的贴身婢女。于是，当有一天司马相如派人找到文君的婢女，希望通过她向卓文君表达自己的仰慕之

明·杜堇《卓文君听琴图》

心时,婢女毫不犹豫地答应下来,且立即将这一消息带给了卓文君。从此,处在深宅大院里的卓文君,又看到了生活的美好,她展开了想象的翅膀,憧憬着未来。这种丰富的想象,给文君死水一潭的寡居生活带来了希望,内院里的叹息声也慢慢消失了。再说客居临邛的司马相如,在王吉的悉心照料下,生活得到保障,风流文人的习性再度露头,他渴望结交文友,吟诗作赋,重现文学家的本色。当他听说卓王孙的女儿卓文君才华出众、人品过人后,便与王吉商议,想寻找机会结识文君。于是二人便在临邛上演了一出双簧。

临邛的人们不久便发现,他们的县令王吉对司马相如格外殷勤,几乎每天都要到相如居住的客栈去拜访他,而这个"外乡人"初来时还依礼迎见县令,后来却称病谢客,拒不相见。可是县令并不恼怒,其态度反而更加恭敬。这事被好事的临邛人看在眼里,记在心上,并神神秘秘地传播开来,使得人们对这位县令身边的"外乡人"更是崇敬不已。

卓文君的父亲卓王孙最是见风使舵的人,他找到临邛的几个富户,商议起如何与县令的贵客交朋友一事。富户们都想借机结交权势,炫耀自己,便一致同意在卓氏府上大摆宴席,宴请司马相如和王吉。请柬送到相如手上,相如与王吉相视一笑。

原来,相如与王吉前番交往一倨一恭,为的就是让相如有机会体面地到卓府上表现其风度才华,并借机结识卓文君。如今,卓王孙送来了这千载难逢的机会,相如不禁心花怒放,开心极了。

王吉素知卓王孙的品行,提醒相如不要大意,此番要见到深闺中的卓文君也不是一件容易的事。相如顿时警觉起来,又与王吉想出了一个好办法。

是日，当卓王孙家大摆筵席，几百客人相继到来，连县令王吉也应邀而至时，派人去请司马相如的人回报说："司马相如身体不适，不能赴宴。"于是满桌宾客面面相觑，县令也不敢动筷子。几番商议，王吉自告奋勇亲自到客栈去请相如。盛情之下，司马相如勉强接受了邀请。

在几百宾客望眼欲穿的时候，司马相如出现在宴会上，其超凡的风采令在座者无不为之倾倒。王吉与司马相如的这一招，又达到了预期的效果。酒过数巡，县令王吉叫人取来一把琴，亲手送到司马相如跟前，司马相如推辞一番后，端坐抚琴。

清越婉转、娓娓动人的琴声飘过酒席，传到卓府内院，传入对音乐有极高鉴赏力的卓文君耳里，文君立刻被悠扬的琴声吸引住了，追踪着琴声

卓文君偷听司马相弹琴

到前厅帘子后面,她决心要亲睹一下弹琴人。

在客厅里抚琴的司马相如,凭借着第六感官,似乎看到了帘后偷听的卓文君,他哪里能错过这个机会呢?他悄悄环视一下大厅里的财主们,一个个装模作样、附庸风雅的表情已将他们的不学无术暴露无遗。司马相如不动声色地调整了琴弦,一曲热情奔放、直抒情怀的《凤求凰》如行云流水涌出指尖。帘后的卓文君被这"凤兮凤兮归故乡,遨游四海求其凰……"摄人心魄的乐曲迷得神魂颠倒,不由自主地掀开帘子的一角,窥视正在演奏的司马相如,司马相如的温文尔雅,使文君禁不住怦然心动,刹那间,文君心中天平的砝码,倾向了司马相如,琴声使两颗自由的心连在一起。

司马相如成功地凭借自己的才智,敲开了通向幸福的大门,一曲千古绝唱的《凤求凰》唤醒了卓文君封闭已久的心。这时的文君,陷入了迷茫之中,她一方面倾慕司马相如的才华,一方面深恐自己难与相如相配。司马相如不失时机地通过婢女与文君开始了来往。几番秘密接触,两人相见恨晚,恨不得马上结成连理。

但这对才子佳人,相识、相知、相爱,却好事多磨,卓王孙为了维护自己的颜面,绝不会同意寡妇女儿再嫁;而司马相如乃一介贫穷书生,生活全靠朋友照顾,也无能力娶一富豪之女为妻。两人反复考虑,都想不出一个好办法,眼看到手的幸福即将化为泡影。富有个性的文君决心与命运搏上一搏。于是,在一天深夜,卓文君毅然离家出走,跑到客栈找到司马相如,两人偷偷离开临邛,私奔到司马相如的老家成都,在那里结成了夫妻。

这件事始终瞒着卓王孙,当他发现文君已逃到成都后,气坏了,暴跳

清人绘《卓文君抱琴图》

如雷说:"女儿如此给我丢脸,我虽不忍心杀了她,但绝不给她一分钱的财产。"并宣布不承认女儿这桩婚姻。但卓王孙的高压,没能使文君屈服。这件事,在临邛立刻引起了强烈的反响。文君通过自己与命运的抗争,终于如愿以偿,和相如生活在一起。

然而,没有经济来源的文君夫妇,生活很快陷入困境。这时,文君又作出了一个大胆的决定。她对相如说:"我们回临邛去,向我的兄弟借钱谋生。"相如认真考虑后,答应了文君的请求,双双回到临邛。

回到临邛的文君夫妇,一反旧时传统,变卖了车马,在城里开起了一家酒店来。文君亲自当掌柜,坐在柜台后打酒。相如穿上围裙,端酒送菜,刷碟子洗碗,干上了酒保。小两口靠自己的劳动维持生活。这件事轰动整个临邛县,羡慕的、鄙视的、佩服的、嘲笑的……各种舆论向文君压来。每天围着文君、相如看热闹的人络绎不绝,但文君对自己的选择坚信不疑,没有半点悔意。虽然每天累得腰酸背痛,但她感到比以前在深宅大院里过的那种寂寞无聊的日子要快乐得多。每当夜深人静客人离去后,相如弹琴,文君吟诗,赏月观星,生活别有一番情趣。这种相亲相爱、平静安宁的日子,正是卓文君期待已久的,她感到自己成了世界上最幸福的人。

卓文君的举动,虽遭到父亲及传统旧势力的反对,却也赢得了许多善良的人的同情。随着日子一天天过去,许多亲友理解了卓文君的行为。卓文君的父亲卓王孙对文君的私奔早已气得捶胸顿足,现在见女儿当垆卖酒,更感到自己的老脸被女儿丢尽了,无颜见人,因此闭门不出,连街也不上了。后来经过亲友们的反复劝解,而且他见司马相如也的确有才干,不是平庸之辈,总算怒气消了一点,勉强分给女儿一些奴仆和钱财,让他们返回成都,成了富人。

不久,司马相如的《子虚赋》传到京城汉武帝的耳里,汉武帝极为赞赏,就征召司马相如为文学侍从。武帝建元六年（前135年）,唐蒙通西南夷,烦扰巴蜀之民。司马相如奉汉武帝之命以中郎将身份为钦差大臣,告喻巴蜀人民。蜀郡太守郊迎司马相如,临邛富人争相结纳。卓王孙在临邛大办筵席为乘龙快婿接风,大有女儿配司马相如恨晚之叹。为了表示对从前自己行为的后悔,重新分配了家财,使卓文君得到的与她兄弟的一样多。

这时的文君,跟着当官的丈夫回到家乡,她特意来到过去与司马相如卖酒的地方,仿佛又看到了昔日身着犊鼻裤的相如,帘后听琴,深夜私奔,琴台贳酒,月下谈心……种种往事一一浮现在眼前,她觉得自己又回到了过去的岁月里。身边相偎的依然是布衣相如,抚今追昔,卓文君不禁感慨万千,她回顾自己的一生,真是苦中有甜,甜中有苦呀。

面对旧情旧景,卓文君凭吊了以前当垆的旧址回家后,卓文君把自己关在屋子里,花了整整两天的功夫,写出了情深意长的《白头吟》,淋漓尽致地表达了自己对相如的爱、恨、怨、盼……对司马相如升官后不经意的感情变化提出了怨诉的规劝。司马相如看到了这首诗,内心受到强烈的震动,他悄悄地检视自己,发现自己的确在不经意间冷落了卓文君,疏远了与文君的感情。特别是有一个时期,官场的一班朋友极力怂恿自己纳妾,而自己则模棱两可,这件事,给文君带来了痛苦。司马相如此时悔恨难言,他仿佛又看到了临邛卓王府里那自叹自怜的怨妇那张忧郁的脸,听到了反抗命运追求幸福的文君那大声的呐喊,相如立即打消了纳妾的念头,更加体贴卓文君了。

卓文君的信情深意切

　　卓文君作为封建社会的一个弱女子,为了追求婚姻幸福,背叛了家庭,背离了礼教,放弃了舒适的生活,选择了令封建卫道士最为头疼的"私奔"方式,跟着所爱的人,吃苦受累、颠沛流离,其间饱尝过生活的艰辛,体会过人情的冷暖,经历过感情生活的变化,最终靠坚强的信念、超凡的心智、对爱情坚贞不变的痴情赢得了才子司马相如的敬重,换得了后世人们的仰慕,她的身上浓缩了封建时代千千万万追求幸福的女性的特点。卓文君夜奔,如千年暗室,给深闺中的妇女一道亮光。

司马相如列传

司马相如者,蜀郡成都人也,字长卿。少时好读书,学
司马相如是蜀郡成都人,字长卿。他青年时喜欢读书,学习剑术,所以他的父母给
击剑,故其亲名之曰犬子。相如既学,慕蔺相如之为人,更
他取名叫犬子。司马相如学业完成后,仰慕蔺相如的为人,改名相如。他凭借家中资财得
名相如。以赀为郎,事孝景帝,为武骑常侍[1],非其好也。会
以为郎官,侍卫孝景帝,担任武骑常侍,但这并不是他的爱好。恰好景帝也不喜欢辞赋,
景帝不好辞赋,是时梁孝王来朝,从游说之士齐人邹阳、淮
这时梁孝王上京朝见,带领的随从是善于辞令游说的人,有齐人邹阳、淮阴人枚乘、吴人
阴枚乘、吴庄忌夫子之徒[2],相如见而悦之,因病免[3],客游梁。
庄忌先生等,司马相如见到这些人就喜欢上了,借口有病辞去了官职,旅居梁国。梁孝王
梁孝王令与诸生同舍,相如得与诸生游士居数岁,乃著子虚
让他和那学儒生们住在一起,司马相如得到这个机会与儒生和游说之士交往了好几年,于
之赋。
是写下了《子虚赋》。

会梁孝王卒,相如归,而家贫,无以自业。素与临
当梁孝王死后,司马相如只好回家,这时家里已经贫困,无法谋生立业。司马相如和临邛县令王
邛令王吉相善,吉曰:"长卿久宦游不遂,而来过我。"
吉一向交好,王吉说:"长卿你长久在外漂荡,求官不顺,到我这来做客吧。"这样,司马相如前往临

---

[1] 武骑常侍:骑郎,侍从天子出巡、打猎。
[2] 邹阳、枚乘、庄忌夫子:皆当时著名文士。
[3] 因病免:指司马相如借口有病辞官。

卓文君夜奔　　245

于是相如往，舍都亭。临邛令缪为恭敬，日往朝相如。
邛，住宿在临邛的驿亭里。临邛县令王吉假装敬礼司马相如，每天都去拜访问候。司马相如起初礼见王

相如初尚见之，后称病，使从者谢吉[1]，吉愈益谨肃。
吉，随后称病不见，只让随从向王吉道谢，王吉更加谨慎恭敬。临邛县里有很多富人，卓王孙最富，家

临邛中多富人，而卓王孙家僮八百人，程郑亦数百人，
中奴仆就有八百多，此外程郑家的奴仆也有几百个，这两人商量说："我们的县令来了贵宾，我们应该

二人乃相谓曰："令有贵客，为具召之[2]。"并召令。今
设宴招待一次。"于是备办了宴席，一并邀请了县令王吉。王吉到了卓家，见卓家请的各方面的客人有

既至，卓氏客以百数。至日中，谒司马长卿，长卿谢
上百人。已到中午了，卓王孙派去请司马相如的人回报说，司马相如说有病不能来赴宴。临邛县令一看

病不能往，临邛令不敢尝食，自往迎相如。相如不得
司马相如不来，他自己是不敢动筷子，还立刻起身亲自去接司马相如。司马相如没办法，只好勉强前往，

已，强往[3]，一坐尽倾[4]。酒酣，临邛令前奏琴曰："窃闻
他的风采使满座宾客惊服仰慕。等到饮酒正畅快尽兴时，临邛县令给司马相如递过来一张琴，说："早

长卿好之，愿以自娱[5]。"相如辞谢，为鼓一再行[6]。是时
就听说您精于弹琴，请演奏一曲，为自己助兴。"司马相如推辞了一番，然后弹了一两支曲子。当时卓

卓王孙有女文君新寡，好音[7]，故相如缪与令相重，而以
王孙的女儿卓文君刚死了丈夫，守寡在家，她喜爱音乐，所以司马相如与县令王吉故意互相敬重，目的

---

1. 谢吉：司马相如辞绝王吉的拜访，以此抬高自己的身份。
2. 为具：置办酒席。
3. 强往：强打精神而往。
4. 一坐尽倾：在座的所有客人都惊服羡慕。
5. 自娱：自我欣赏以为欢娱。此为谦辞，意为不敢使相如为客人弹琴而请他自己玩赏。
6. 鼓：弹奏。行：曲调之称，乐府有长歌行、短歌行等曲名。鼓一再行：只弹奏了一两支曲子。
7. 好（hào）音：擅长音乐。

琴心挑之。相如之临邛，从车骑，雍容闲雅甚都[1]；及
就是想通过弹琴来挑逗卓文君。司马相如到临邛来的时候，带了不少车马，表现得雍容华贵，气度不凡；
饮卓氏，弄琴，文君窃从户窥之，心悦而好之，恐不得
等来到卓家一入宴会、一弹琴，卓文君偷偷地从门缝里察看司马相如的风采，心里非常喜欢，产生了爱
当也。既罢，相如乃使人重赐文君侍者通殷勤[2]。文君
慕之情，担心自己配不上司马相如。待至宴会已毕，司马相如就派人厚厚地赏赐了卓文君的奴婢，让他
夜亡奔相如[3]，相如乃与驰归成都。家居徒四壁立。卓
们代为表达自己的情意。卓文君当晚就私奔到司马相如那里，司马相如立刻就带上她回成都了。回成都后，
王孙大怒曰："女至不材，我不忍杀，不分一钱也。"人
司马相如家里除了四面墙外，一无所有。卓王孙听说女儿跑了，心中大怒，他说："这个丫头这么不长进，
或谓王孙，王孙终不听。文君久之不乐，曰："长卿第
我即使不忍心杀她，但我也绝不分给她一文钱。"有人劝卓王孙不要这么无情，但卓王孙不听。就这样
俱如临邛[4]，从昆弟假贷犹足为主，何至自苦如此？"相
维持了一阵子，卓文君心中不乐，她对司马相如说："我们尽管搬家到临邛居住，即使是和兄弟们借点
如与俱之临邛，尽卖其车骑，买一酒舍酤酒，而令文
钱也能维持生活，哪至于像现在这样，在这里自讨苦吃呢？"于是司马相如就和卓文君一起回到临邛。
君当鑪[5]。相如身自着犊鼻裈[6]，与保庸杂作[7]，涤器于市
他们把车马卖掉，在市场上买下了一个小酒店，让卓文君站在柜台旁边卖酒，司马相如自己身穿犊鼻短裤，

---

1 雍容闲雅：仪表堂堂而又文静高雅。甚都：非常大方。都，指都士之人的风度。
2 通殷勤：表达羡慕之情。
3 奔：女子私从男人曰奔。
4 第：但。
5 鑪："垆"的假借字，垒土为垆，用以热酒。
6 犊鼻裈（kūn）：像牛犊鼻的短裤。
7 庸保：雇佣工人。

卓文君夜奔　247

中[1]。卓王孙闻而耻之，为杜门不出。昆弟诸公更谓王
与伙计们一起干活，当着街面洗刷器具。卓王孙听说如此，羞得不敢出门。这时，他的弟兄辈以及临邛
孙曰[2]："有一男两女，所不足者非财也。今文君已失身
的头面长者都出来劝说："你卓王孙就一个儿子两个女儿，而缺少的不是钱财。现在卓文君已经嫁给司
于司马长卿，长卿故倦游，虽贫，其人材足依也，且又
马长卿了。司马长卿厌烦做官，不是他无能，眼下虽然贫困，他的品貌才能是靠得住的，而且他又是咱
令客，独奈何相辱如此？"卓王孙不得已，分予文君僮
们县令的朋友，你怎么能够让他们受这样的委屈呢？"卓王孙没办法了，只好分给了文君一百个奴仆、
百人，钱百万，及其嫁时衣被财物。文君乃与相如归
一百万钱，以及她第一次出嫁时的衣服被褥等财物。于是文君就带着这些人丁财物和司马相如又回了成都，
成都，买田宅，为富人。
在成都买了一些房屋土地，成了一个富人。

---

1 涤器：洗刷器皿。
2 昆弟：兄弟。诸公：指临邛长者。

巴寡妇清富惊秦始皇

巴郡涪陵县妇女山（在今重庆市长寿区南）下，有一座颇具规模的深宅大院。在一个初秋晴好的日子里，人们从八乡十里向大院云集，参加秦始皇下令修建的女怀清台落成盛典。大院内鼓乐阵阵，号角声声，数十名男女青壮年，踩着铿锵的鼓点，欢快地跳着反映春播秋收的古朴而粗犷的巴渝舞。被秦始皇钦命贞妇的寡妇怀清，热情地接待着邻里八方的乡亲，也忙碌应酬于郡县大小官员之间。

时当正午，当郡守宣布女怀清台落成时，却不见了怀清的身影，她到哪里去了呢？

此时的怀清，正站在丹砂矿山上，望着那深深的、浸满怀清家几代人心血的矿坑，历历往事，又浮现在怀清的眼前。

怀清的家乡永安盛产丹砂，那是一种内服有很强的镇静效果，外用可治疗疥癣皮肤病的棕红色矿物，也是方士们用来炼丹的主要原料。怀清的祖上经营丹砂矿的开采，并把丹砂运到各地去销售，经过几代人独揽丹砂的开采营销，到怀清的父辈时，她家的资产已多得无法估量了。怀清自懂事之时起，一点都没有富家小姐的骄傲之气，她忙里忙外，帮着父母经营丹砂矿，成了父母的得力助手，她的聪明能干在永安境内远近闻名。怀清的丈夫自幼失去了爹娘，是怀清的父母收养了他，小伙子的勤奋和诚实，赢得了怀清父母的好评，也赢得了怀清

寡妇清以丹砂致富

姑娘的芳心。婚后的数年里，怀清担负起丹砂开采的重任，丈夫则负责将丹砂运销到外地，妇唱夫和，一家人过得倒也十分和美。

十年前的初春，怀清的父母不幸先后病逝，丹砂的经营重任就完全落到了怀清夫妇身上。然而，命运之神却总是跟怀清过不去，清明刚过，怀清的丈夫押运着几十挑丹砂，乘船到荆楚销售，怀清站在高高的丹砂矿山上，目送着远去的夫君，可没想到，这却成了怀清夫妇最后的永别。送走了夫君，怀清整天心神不宁，坐卧不安。一天深夜，急促的敲门声将怀清从睡梦中惊醒，怀清开门一看，原来是随丈夫运送丹砂的帮工，他声泪俱下地告知怀清，因长江涨水，风急浪大，船被江水打翻，只有两三个水性好的幸免于难，怀清的丈夫则落水被淹死了。这突如其来的噩耗，怀清当场就昏厥过去。一连好几天，怀清水米未进，邻里乡亲们都来看望，宽慰她，真诚地希望她振作起来，把几代人开拓的丹砂矿业继续经营下去。在乡亲们的鼓励下，怀清终于重新站起来了。

近十年来，千斤重担沉重地压在怀清的肩上，作为一个寡妇，要守住并发展家业，是何等的艰辛。在乡亲们的大力支持下，怀清不断扩大丹砂的开采，并组织人力沿长江而上把丹砂运销南安（乐山）、江阳（富顺）等地，换回丝蚕、食盐，又把丹砂运销荆楚，换回稻谷良种，这样，怀清由丹砂矿的开采经营，极大地带动了永安地区农业、蚕桑业的迅速发展、对老弱病残和极贫者，怀清还经常给以周济资助，乡亲们只要一提怀清，无不点头称赞。

近十年里，县里一些长吏，乡里的三老、啬夫，对怀清甚多的资产十分眼红，想方设法进行敲诈；那些地方恶少，也千方百计打怀清的坏主意。为了不被人侵犯，怀清一方面广结人缘，另一方面又施其资财，上下打点买通各方，借以自卫。这样，怀清家几代经营的资产，才得以保全了下来，怀清自身，也免受恶人的侵犯。

秦始皇完成统一大业，在对楚的作战中，得到巴蜀人力和物力的大力资助，其中也有怀清的一份功绩。秦统一六国后，巴郡郡守派专人对永安地区经济的发展，对怀清丹砂矿产的经营发展和取得的成就，做了实地调查了解，并写奏章上奏秦始皇。秦始皇看奏章后，赞叹不已，于是，下旨封怀清为贞妇，并为其修建怀清台以示表彰。秦始皇还下令各级官员，要以宾客的礼仪厚待怀清。这样一来，身为寡妇、富甲一方的怀清，也就名显天下了。

喧闹的人声，将怀清的思绪拉回到现实中来。怀清回过头来一看，乡

▲ 巴寡妇清（汉刘向撰、明仇英绘《列女传》）

亲们抬着秦始皇钦赐的"贞妇"牌匾，直奔而来。此时的怀清，心酸、伤感伴随着喜悦，一齐涌上心头，满腔热泪像断线的两串珠子，不停地从眼眶中流出来。

货殖列传

巴寡妇清,其先得丹穴,而擅其利数世,家亦不訾[1]。清,
<small>巴郡寡妇清的祖上得到朱砂矿,独揽其利益有好几代,家财多到无法计算。清是个寡妇,她能</small>
寡妇也,能守其业,用财自卫,不见侵犯。秦皇帝以贞妇而
<small>守住家业,用钱财来保护自己,不被别人侵犯。秦始皇认为她是个贞妇,以客礼相待,为她修筑一座</small>
客之,为筑女怀清台。
<small>女怀清台。</small>

---

1 家亦不訾:家财多到无法计算。

▲ 明·仇英《二十四孝册·汉文帝为薄太后亲尝汤药》

薄太后谦和得福

薄太后是西汉初年孝文帝刘恒的生母。薄姬最初是作为被俘的女奴发配到皇宫中充当织布女的,因她长得有些姿色,被高祖纳入后宫。但因薄姬为人谨慎、不善言辞,进宫后一年多都得不到皇上的宠幸,这使薄姬感到非常难过。一个偶然的机会使薄姬引起了高祖的注意和怜惜,于是高祖驾临了薄姬的住所。不久薄姬生下了他们的儿子刘恒,高祖在世时,封刘恒为代王。从此以后,薄姬很少能见到高祖,她在孤独、寂寞中打发着岁月。可正因为如此,薄姬才得以保全自己,也使她的儿子荣登皇帝宝座。这是为什么呢?下面我就讲讲薄姬的故事。

说起薄太后一生的坎坷命运,就不能不提一下吕后。高祖刘邦死后,太子刘盈继位,史称孝惠帝。惠帝生性懦弱,不是当皇帝的料,他的母亲吕后便乘机大权独揽。在那个信奉"女子无才便是德"的封建社会里,吕后的所作所为近似于"乱政",朝廷大臣们敢怒不敢言,他们从心里认为西汉应该是刘家的天下。吕后为了确保吕姓诸王的权势,大肆诛杀刘姓诸王。出于女人的嫉妒,她对以前被高祖宠爱过的后宫妃嫔一个也不放过,把她们全部打入冷宫,永世不得出宫。而薄姬由于为人淳朴、善良,得以躲过这场劫难。她被允许出宫随她的儿子到代郡去,做了代王太后。吕后死去,诸大臣商定要拥立刘姓诸王为帝,但在立谁为帝的问题上,大臣们发生了争执。高祖长子刘肥封齐王,这时刘肥已死,齐王是刘肥的儿子刘襄，按宗法立长的规矩，刘襄是嫡长孙，当继位为皇帝。代王刘恒是高祖第四子，不当立。由于吕后专政的教训，大臣们一致认为："吕氏仗着娘家兄弟专权作恶，几乎毁灭了刘氏宗庙，害尽了功臣名将。所以我们不能立外戚强横的齐王为帝，绝不能重蹈吕氏的覆辙。"就这样，素有贤名的薄姬促成代王刘恒当上了皇帝，这就是历史上有名的汉孝文帝，薄姬也被尊称为薄太后。

薄太后虽贵为太后，但她从不仗势为非作歹，她对奴婢们也非常宽厚。平日里薄太后深居简出，不好繁华、排场，每日吃的、用的都很简朴。她也未以太后之尊逼迫她的儿子分封其娘家子弟。薄太后认为，其

薄太后严管娘家人

娘家原是魏王的后代，父母早年亡故，她是依靠亲戚照顾长大成人的，于是，她就让这些人再恢复魏姓，并按照亲疏远近的不同给予了一些赏赐。她的娘家人中，只有跟随她多年的弟弟薄昭被封为轵侯，这在历朝历代中非常少见。薄太后不仅回绝了娘家人的多次请求，而且她对她的儿子要求也很严。她从不向她当皇帝的儿子提什么过分要求。薄太后的言行对她的儿子汉孝文帝起着巨大的影响。文帝在位期间，推行一条与民休息、轻徭薄赋的政策。他为政清廉，持家节俭，对后宫妃嫔要求也很严，就连他最宠爱的慎夫人生活也很俭朴。文帝在西汉初年推行的一系列政策，为西汉中期的全面中兴打下了坚固的基础。

综观薄太后一生的为人，堪称恭谨、善良。这虽使得她在汉初的后宫争宠中没有占到上风，却使她在尖锐、残酷的宫廷斗争中保全了自己，也使她的儿子顺利地登上皇帝的宝座。正所谓"祸福相依"，为人一世，切不可因一时的得意而忘乎所以，也不要因一时的挫折而失去了生存的勇气。也许，一时的失利正是为以后更大的成功做着准备。所以，无论何时，人们都不要忘记了做人的根本。要严格要求自己，与人为善，多做有益于他人的事。

外戚世家

薄太后，父吴人，姓薄氏，秦时与故魏王宗家女魏媪通[1]，

薄太后的父亲是吴郡人，姓薄，他在秦朝时与六国时魏王宗族中一个姓魏的女子私通，生下了薄姬。

生薄姬，而薄父死山阴[2]，因葬焉。

薄姬的父亲以后死在山阴，就埋葬在那里了。

及诸侯叛秦，魏豹立为魏王[3]，而魏媪内其女于魏宫。媪之许负所相，相薄姬，云当生天子。是时项羽方与汉王相拒荥阳[4]，天下未有所定。豹初与汉击楚[5]，及闻许负言，心独喜，因背汉而叛，中立，更与楚连和[6]。汉使曹参等击虏魏王豹，以其国为郡，而薄姬输织室[7]。豹已死，汉王入织室，见薄姬

等到各地诸侯都起来造秦王朝的反时，魏豹被立为魏王，姓魏的妇人就在这时把女儿薄姬送进了魏王宫中。在这以前，魏媪曾到许负的住所去看相，让许负给薄姬相面，许负说薄姬将来生的儿子会当天子。这时项羽正与汉王刘邦在荥阳相持不决，天下会属于谁还不知道。魏豹开始联合汉王刘邦攻打楚国项羽，后来听到许负的那番话，心里暗暗高兴，就背叛了刘邦，先是中立，进一步又改变中立的立场，与项羽联合起来了。后来刘邦派曹参等人打败并俘虏了魏王豹，把魏国改成了一个郡，而薄姬也被送到刘邦手下的织室中。

---

1 故魏王：指六国时魏王。魏媪（ǎo）：姓魏的妇人。媪，古代老妇人的通称。通：私通。
2 山阴：汉县名，在今浙江省绍兴市。
3 魏豹：六国时魏之诸公子，秦末项羽立为西魏王。事详《魏豹彭越列传》。
4 荥阳：古代的军事重镇，故城在今河南省荥阳市东北。
5 与：相与，指联合。
6 更：进一步，指改变中立的立场。
7 织室：汉代掌皇室丝帛织造和染色的机构。

有色[1]，诏内后宫，岁余不得幸。始姬少时，与管夫人、赵子
魏豹死了以后，有一次汉王刘邦来到织室，看到薄姬年轻美貌，就把她收进了自己的后宫，但是一年多了，

儿相爱[2]，约曰："先贵无相忘。"已而管夫人、赵子儿先幸汉
薄姬也没有得到刘邦的亲近。在薄姬小的时候，曾经与管夫人、赵子儿三人很要好，当时大家约定："谁先

王[3]。汉王坐河南宫成皋台，此两美人相与笑薄姬初时约。汉
富贵了，别忘了帮助其他人。"不久管夫人和赵子儿首先得到刘邦的恩宠。有一天汉王刘邦坐在河南成皋灵

王闻之，问其故，两人具以实告汉王[4]。汉王心惨然[5]，怜薄姬，
台上，管夫人和赵子儿这两位美人互相笑着在谈论与薄姬当初的约定。汉王刘邦听见笑声，就问什么原因，

是日召而幸之。薄姬曰："昨暮夜妾梦苍龙据吾腹。"高帝
她们就原原本本地把事情经过告诉了刘邦。刘邦心里很同情薄姬，当天就把薄姬召去陪住了。薄姬对刘邦说：

曰："此贵征也，吾为女遂成之。"一幸生男，是为代王。其
"昨天晚上我梦见一条青龙盘伏在我的肚皮上。"刘邦说："这是富贵的预兆，我来成全你吧！"结果就那

后薄姬希见高祖。
么一次，薄姬就生了个儿子，这就是代王刘恒。这以后，薄姬就基本上见不到刘邦了。

高祖崩，诸御幸姬戚夫人之属，吕太后怒，皆幽之，不得
汉高祖刘邦死了以后，那些像戚夫人一样受到高祖宠爱的嫔妃们均遭到吕后的迫害，关在冷室不

出宫。而薄姬以希见故，得出[6]，从子之代[7]，为代王太后。太
准离开皇宫。而薄姬因为没有得到刘邦宠爱的缘故，得出汉宫随子行动，跟着儿子刘恒到了代国，做了

---

1 有色：美貌。
2 爱：指亲近。
3 幸：得恩宠。
4 具：原原本本。
5 惨然：哀怜的样子。
6 得出：得出汉宫随子行动。
7 代：刘恒封国，都中都，在今山西省平遥县西南。

薄太后谦和得福　259

后弟薄昭从如代。

代王的太后。薄太后弟弟薄昭也跟着到了代国。

代王立十七年，高后崩，大臣议立后，疾外家吕氏强，皆

代王即位十七年，吕后死了，大臣们在商量立谁为帝时，都讨厌外戚如吕氏的势力太强，

称薄氏仁善，故迎代王，立为孝文皇帝，而太后改号曰皇太

认为薄氏家族仁慈善良，所以决定迎立代王，立为孝文皇帝，而薄太后改称为皇太后，她的弟

后，弟薄昭封为轵侯[1]。

弟薄昭封为轵侯。

薄太后母亦前死，葬栎阳北[2]。于是乃追尊薄父为灵文侯，

薄太后的母亲在文帝即位前已经死了，葬在栎阳城北。于是就追尊薄太后父亲为灵文侯，在会

会稽郡置园邑三百家，长丞以下吏奉守冢[3]，寝庙上食祠如

稽郡修建陵园，划出三百户作为陵园的俸邑，让县长、县丞以下的官员负责看护陵园，陵园中的神庙

法[4]。而栎阳北亦置灵文侯夫人园，如灵文侯园仪[5]。薄太后以

祭祀，按侯爵规格办理。然后在栎阳城北也修建了灵文侯夫人陵园，规格标准和灵文侯陵园一样。薄

为母家魏王后，早失父母，其奉薄太后诸魏有力者，于是召

太后认为自己的母亲是魏王的后代，父母亲死得很早，自己的生活主要是靠魏家的人出力照顾的，于

复魏氏[6]，赏赐各以亲疏受之[7]。薄氏侯者凡一人[8]。

是让汉文帝下令免除了魏氏家族的一切徭役，而且按照亲疏远近作了不同的赏赐。薄氏封侯的共一人。

---

1 轵：汉县名，在河南省济源市南。
2 栎阳：汉县名，在今陕西省西安市临潼区北渭水北岸。
3 冢：坟陵。
4 寝庙：陵园中的神庙。如法：指按侯爵规格办理。
5 仪：此指法度、标准。
6 复：免除徭役。
7 受：通"授"。
8 凡一人：共一人，指薄昭。

薄太后后文帝二年，以孝景帝前二年崩，葬南陵。以吕
> 薄太后是在孝文帝死后两年，也就是孝景帝前元二年死的，葬在南陵。因为吕后已经和刘邦一起

后会葬长陵[1]，故特自起陵，近孝文皇帝霸陵[2]。
> 葬在长陵了，所以给薄太后单独造了一个陵，让它靠近孝文帝的霸陵。

---

1 会葬：合葬。
2 霸陵：文帝陵，在今陕西省西安市东北。

窦长君和窦少君（明代《御制外戚事鉴》）

窦太后宫廷认弟

窦太后，是西汉文帝之皇后、景帝之生母。她一生喜好黄老、道家之说，勤勉做人。她既得到了丈夫、儿子的爱，也以自己的思想、言行深深地影响了他们。在西汉立国不久，就能够出现"文景之治"的大好局面，这里面也包含了窦太后的心血。

窦太后窦姬本是赵国清河观津人，在家期间，她就因惜贫怜弱而深得众乡亲的好评。吕太后当政时，窦姬以良家女子被选入宫中侍奉太后。因她手脚利落，办事勤快而深得吕后的喜爱。过了一段日子，吕太后把包括窦姬在内的五个宫女遣送出宫，赐给各地诸侯王。因窦姬的娘家在清河，到赵国去离自己的家近些，于是她对主持这次遣送宫女的宦官说："请求您一定要把我的名册，放在去赵国的宫女队伍中。"宦官满口答应了，可是后来由于事情繁杂，那个宦官把窦姬的请求忘到了九霄云外，窦姬被放在了去代国的宫女队伍中。名册上报后，得到了吕太后的批准。听到消息后，窦姬伤心地哭了，心想从此她将远离家乡，到一个陌生的环境中去生活了。窦姬到了代国后，仍然周到、殷勤地侍奉代王，并得到了代王的宠爱。不久，她生了一个女儿，两个男孩。等到代王继位为帝后，代王的原配王后已经死去，于是窦姬被立为皇后，她的长子刘启被立为太子。

窦太后出身贫寒，她虽然登上了皇后的宝座，但她一刻也未忘记她那患难与共、手足情深的同胞兄弟。尤其使她牵挂的是她那可爱的弟弟少

窦姬被送到偏远的代国

君。少君四五岁的时候,由于家贫,被人多次倒卖,以至于他连自己被卖了多少次都记不清了。最后,他被辗转卖到宜阳,替别人进山烧炭,夜晚他就露宿在山崖下面,吃的苦就不用提了。有一天,山崖倒塌,睡在山崖下的百余人都被压死,只有少君幸免于难。少君为这事专门去算了一卦,卦辞说:"大难不死,必有后福,过几天你就会被封为侯到长安去。"少君心中一动,难道我时来运转了?闻听刚被册立的皇后姓窦,老家在观津,难道皇后真是那个从小疼爱我的姐姐吗?心念至此,少君立即动身前往长安。少君把还记得的小时候的事写成奏章报上去,窦皇后看了与文帝商量在朝堂接见。皇后怕有人冒名顶替,她又问还记得什么?少君说:"我送姐姐西行,在传舍里,姐姐流着眼泪给我洗澡,喂我吃饭。"说到这里,窦太后确信眼前的少君就是她的亲弟弟,她再也忍不住放悲声大哭起来,她走下殿陛,拉着弟弟的手泣不成声。就这样,窦皇后宫中认弟,离散多年的姐弟在此重逢,这是一件多么令人高兴的事啊!但是,窦皇后并没有完全沉醉于姐弟相逢的喜悦中,她想的很多。她的娘家兄弟从被人驱使的苦力一跃而成皇亲国戚,窦皇后生怕他们从此以后仗势欺人,作威作福,忘了根本。于是,她下令命绛侯周勃、灌将军等为他们选聘老师。周、灌二人商议道:"皇后的两个兄弟出身低微,不能不替他们选择师傅宾客来教导他们,不然又要效仿吕氏闹出大事来。"于是便挑选了几个年长厚道、

窦后和弟弟相认

窦太后宫廷认弟

品行良好的人与他们居住在一起。在窦皇后的严厉督管下，她的哥哥长君、弟弟少君从此都成为恭谨谦让的君子，从不敢凭借自己尊贵的身份，在别人面前自高自大。

孝文帝去世后，太子刘启继位，是为孝景帝，窦皇后亦被尊称为窦太后。新帝继位，照例大赦天下。少君也被封为章武侯，长君因死得早，他的儿子被封为南皮侯。窦太后堂兄弟的儿子窦婴因在平定吴楚七国叛乱时，立下军功，被封为魏其侯。窦氏一门只有此三人被封侯，且都安于职守，没有做出什么专权、干政的事来。

窦太后一生信奉道家学说。在她的教导下，皇帝、太子和窦氏诸人，也不得不常读黄老之书，老子"无为而治"的思想深深地影响了他们。文帝景帝统治期间，百姓安居乐业，国家富足强盛，出现了"文景之治"的大好局面。窦太后的娘家人也谨遵窦太后的教导，安分守己，没有出现外戚专权的局面。人们常说，一个成功男人的背后，必定站着一位伟大的女性，窦太后无疑就是这样一位伟大的女性。在今天，有的人依仗自己手中的权力，为子女、亲戚大捞好处，鼓动、纵容他们为所欲为时，窦太后如何对待权力、如何对待亲朋好友的参军做法无疑又给人们树立了一个历史的榜样。

外戚世家

窦太后[1]，赵之清河观津人也[2]。吕太后时，窦姬以良家
窦太后是清河郡观津县人。吕太后执政期间，窦姬作为务农人家的子女进宫服侍太后。
子入宫侍太后[3]。太后出宫人以赐诸王，各五人，窦姬与
后来吕后把宫女放出宫赐给各位王子，每人五个，窦姬也在被遣行列中。窦姬的老家在清河，
在行中。窦姬家在清河，欲如赵近家，请其主遣宦者吏：
所以她想到赵国去，以便离家近一点，为此她特意去请求主持遣送宫女的宦官头目，对他说："请
"必置我籍赵之伍中[4]。"宦者忘之，误置其籍代伍中。籍
一定把我排在到赵国的名单中。"可是这个宦官忘记了，把窦姬的名字写在了派往代国的名单
奏[5]，诏可[6]。当行，窦姬涕泣，怨其宦者，不欲往。相强[7]，
里。遣送的花名册已呈报皇上，吕太后已经批准。到了临走时，窦姬哭得很伤心，埋怨宦官误
乃肯行。至代，代王独幸窦姬，生女嫖，后生两男。而
事，心里不想去代国。宦官对她施加了压力，窦姬才只好上路。到了代国以后，代王偏偏只喜
代王王后生四男。先，代王未入立为帝而王后卒。及代
欢窦姬一个人，先生了个女儿嫖，后来又生了两个儿子。而代王的王后生了四个儿子。早在代

---

1 窦太后：汉文帝皇后，景帝母，名猗房。
2 清河：汉郡名，郡治清阳，在今河北省清河县东。其属县观津，在河北省武邑县东南。
3 良家子：务农人家子女。汉时以医巫百工为末业，著农为本业，称良家。
4 籍：名簿。
5 籍奏：遣送的花名册已呈报皇上。
6 诏可：指吕太后批准。
7 相强：施加压力。

窦太后宫廷认弟

王立为帝，而王后所生四男更病死[1]。孝文帝立数月，公卿
王进京做皇帝以前，王后就死了。等到代王即位做了皇帝，那王后所生的四个儿子也相继病死

请立太子，而窦姬长男最长，立为太子。立窦姬为皇后，
了。孝文帝即位几个月以后，公卿们请求立太子，这时窦姬的大儿子刘启成了文帝最大的儿子，

女嫖为长公主。其明年，立少子武为代王，已而又徙梁[2]，
因此就立刘启为太子。而窦姬也被立为皇后，她们女儿嫖为长公主。第二年，窦皇后的小儿子

是为梁孝王。
刘武封为代王，不久又徙封到梁国，这就是梁孝王。

窦皇后亲早卒，葬观津。于是薄太后乃诏有司，追尊窦
窦皇后的双亲早就死了，安葬在观津。于是薄太后就命令有关官员，追尊窦皇后的父亲为安成侯，

后父为安成侯，母曰安成夫人。令清河置园邑二百家，长、
母亲为安成夫人。又命令清河郡修建陵园，并划出两百家作为陵园的俸邑，县长、县丞负责看护陵园，

丞奉守，比灵文园法。
一切做法与灵文侯陵园相同。

窦皇后兄窦长君，弟曰窦广国，字少君。少君年四五
窦皇后的哥哥叫窦长君，弟弟叫窦广国，字少君。窦少君在四五岁时，家里很贫穷，被人拐出

岁时，家贫，为人所略卖[3]，其家不知其处。传十余家[4]，至
去卖了，家里人都不知道他的下落。窦少君被人转卖了十几家，最后到了宜阳，替他的主人到山里伐

宜阳，为其主入山作炭[5]。暮，卧岸下百余人[6]，岸崩，尽压
木烧炭。有一天晚上，窦少君与一百多人睡在山岩下面，后来山岩崩塌了，把睡在下面的人都压死了，

---

1 更：相继。
2 梁：汉封国名，都睢阳，在河南省商丘市南。景帝弟刘武，封梁王，史称梁孝王。
3 略卖：拐卖。略，通"掠"，劫掠。
4 传：指转卖。
5 作炭：伐木烧炭。
6 岸下：山岩下。

杀卧者，少君独得脱，不死。自卜数日当为侯，从其家之
只有窦少君一人脱险，没有死。他自己去算了一卦，说他用不了多少天就会封侯的，于是他就跟着他

长安。闻窦皇后新立，家在观津，姓窦氏。广国去时虽
的主人到了长安。在长安他听说新立的皇后家在观津，姓窦。窦广国离家时虽然年纪还小，但还记得

小[1]，识其县名及姓[2]，又常与其姊采桑堕[3]，用为符信，上书
自己家的县名和姓氏，又记得曾经跟姐姐去采桑叶时从树上掉了下来，他就以此事为凭证，向朝廷上

自陈[4]。窦皇后言之于文帝，召见，问之，具言其故，果是。
书说明自己是皇后小弟弟。窦皇后告诉了文帝，文帝就下令召见，问他的身世，窦广国详细做了回答，

又复问他何以为验[5]？对曰："姊去我西时[6]，与我决于传舍
果然有点像皇后的弟弟。接着窦皇后又问他还有什么可做证明的事，窦广国说："姐姐离开我西行入

中[7]，丐沐沐我，请食饭我，乃去。"于是窦后持之而泣[8]，泣
宫时，和我在一个驿站里告别，借讨来洗澡用物给我洗澡，讨来食物给我吃，然后才离开。"于是窦

涕交横下。侍御左右皆伏地泣，助皇后悲哀。乃厚赐田宅
皇后抱持着窦广国哭了起来，泪如雨下。在周围侍候的人也都趴在地上低声哭泣，陪着皇后一块悲伤。

金钱，封公昆弟，家于长安。
接着就赏赐给了窦广国许多房子田地和金钱，同时也封赏了窦皇后的同祖兄弟，在长安安了家。

绛侯、灌将军等曰[9]："吾属不死，命乃且县此两人。两人
绛侯周勃和将军灌婴等人说："我们的性命将系在窦长君、少君两人身上。这两人出身低微，我

---

1 去时：指离家时。
2 识（zhì）：记得。
3 常：通"尝"，曾经。
4 自陈：自己说明。
5 验：证明。
6 西时：指窦太后被选为宫女西行时。
7 决：告别。传舍：官办驿站。
8 持：抱持。
9 绛侯、灌将军：指周勃和灌婴。

魏其侯窦婴（明代《御制外戚事鉴》）

所出微，不可不为择师傅宾客，又复效吕氏大事也。"于是乃
们不能不为他们选几个良师益友，不能让他们又像吕氏那样篡权作乱了。"于是就挑选一批德高望重的

选长者、士之有节行者与居[1]，窦长君、少君由此为退让君子[2]，
长者和有良好品行的士人与他们相处，窦长君和窦少君从此成了一个谦恭有德之人，不敢因为自己地位

不敢以尊贵骄人。
尊贵就傲慢待人。

　　窦皇后病，失明。文帝幸邯郸慎夫人、尹姬，皆毋子。
　　窦皇后生病了，造成了双目失明。汉文帝就去宠幸邯郸的慎夫人和尹姬，但是她们都没有生下儿子。

孝文帝崩，孝景帝立，乃封广国为章武侯。长君前死，封其
汉文帝死了以后，孝景帝刘启继位，就封窦广国为章武侯。窦长君在这之前死了，于是封他的儿子彭祖

子彭祖为南皮侯。吴楚反时，窦太后从昆弟子窦婴[3]，任侠自
为南皮侯。吴楚七国叛乱时，窦太后堂兄弟的儿子窦婴，以救助别人为自豪，曾领兵参加平乱，因为立

喜，将兵，以军功为魏其侯。窦氏凡三人为侯。
了军功被封为魏其侯。窦氏家族中一共有三人封侯。

　　窦太后好黄帝、老子言，帝及太子诸窦不得不读黄帝、老
　　窦太后喜欢黄帝、老子的道家政治学说，因此孝景帝、太子刘荣以及在朝的窦氏权贵都不得不跟

子，尊其术。
她一起读黄帝、老子的著作，信奉道家思想。

　　窦太后后孝景帝六岁崩，合葬霸陵。遗诏尽以东宫金钱
　　窦太后在孝景帝死后六年才死，与孝文帝合葬在霸陵。她在遗诏中命令把长乐宫里的金钱财物全

财物赐长公主嫖。
部都赐给长公主刘嫖。

1　与居：相处。
2　退让君子：谦恭有德之人。
3　从昆弟：堂兄弟。窦婴：窦太后的堂侄，因平吴楚之乱封魏其侯，《史记》有传。

窦太后宫廷认弟

淳于髡出使魏国带回孙膑（明内府彩绘本《春秋五霸七雄通俗演义列国志传》插图）

滑稽故事

四则

大鸟冲天一鸣惊人

"大鸟冲天，一鸣惊人"的故事，是讲雄略之主的国君不鸣则已，一旦奋起，就能振兴国家，做出惊人的成绩来。这故事化作成语"一鸣惊人"，则指一个人埋头发奋，终于出头，获得优异成绩，使人刮目相看。

"大鸟冲天，一鸣惊人"的故事有两个出处。《史记·楚世家》说是楚国大夫伍举善于用隐语，即用比喻劝谏楚庄王，以大鸟喻庄王，激发他的治国热情；《史记·滑稽列传》说是齐国淳于髡以大鸟喻齐威王。"大鸟冲天，一鸣惊人"应当是春秋战国时流传的民谚，伍举和淳于髡巧妙地引用来劝谏自己的国君发奋。故事的中心是"大鸟冲天"，国君发奋。这篇故事主题是讲淳于髡善于说话，他怎样用诙谐的故事以小喻大，合于大道，一共讲了三个小故事。下面——道来。

齐威王八年，楚国发大兵进攻齐国，威王便派淳于髡到赵国去请赵王派兵援救齐国，临行前，威王交给他百斤金子，十辆车，让他以此为礼物去争取赵国的援助。淳于髡面对这些礼物，仰头大笑，笑得把帽缨都挣断了。威王见此情景，忙问："你是嫌我送给赵王的礼物太少吗？"淳于髡说："我哪敢如此！"威王又问："那么你这样大笑的原因是什么呢？"淳于髡说："今天我从城东来，发现道旁有个向田地祈祷丰收的农夫，只见他手中拿着一个猪蹄，一小坛酒，把这些东西当供品放在田头，然后他向田地祈祷说：'山包高地上的庄稼长得茂盛，低洼地上收获的粮食用车拉，五谷丰登，装满粮仓。'我看他所用的祭品少而所祈求的东西太多了，所以笑话他。"威王立即明白了他讲这个故事的用意，于是便增加送给赵王的礼物：黄金二千四百斤，车百辆，白色的宝玉十对。淳于髡带上这些礼物来到赵国，赵王见齐国使臣送给他这么多宝贵的礼物，便派十万精兵，千辆兵车去援救齐国。楚国听说赵国派兵援齐，便放弃了侵齐的企图，连夜撤兵回国。齐国危难得以解除。

淳于髡为齐国立了大功，这使齐威王感到非常高兴，于是便在后宫摆下酒宴，为淳于髡庆功，在酒席宴上，威王问淳于髡："先生能饮多少酒才醉呢？"淳于髡回答说："我饮一斗酒也醉，饮一石酒也醉。"威王感到奇怪，接着又问："先生饮一斗酒就醉了，又怎能饮一石酒呢？把这道理说给我听听好吗？"淳于髡说："大王赐给我酒，监酒官就坐在身旁，史官就在身后做记录，我惊恐万状哈下腰来喝酒，精神非常紧张，不过饮一斗酒就醉了。如果遇上父亲有贵客，我挽起衣袖跪在一旁作陪，有时父亲会把酒杯中剩下的一点酒拿给我喝，我还要不断地立起身来给父亲和贵客敬酒，这样，我饮酒不超过二斗就会醉了。如果遇上多年不见的好朋友，在一起一边饮酒一边畅谈，那么我可以饮五六斗酒才醉呢。至于同乡之会，饮酒作乐，边饮边赌，手舞足蹈，我在这时感到特别快乐，可饮八斗酒才醉。如果宴会持续到傍晚太阳落山，大家坐得很近，且有男有女，脚上的鞋子互相碰撞，席上杯盘散乱，这时厅堂中的灯也灭了。宴会主人把大部分客人都送走了，而把我留下来，敞开衣襟，客人身上的香草味都能闻到，当这个时候，我感到最欢畅了，就能饮一石酒。这说明饮酒饮到极点就会产生混乱现象，乐极则生悲，世间的万事都是如此。"淳于髡讲这段话的意思是，无论做什么事情不可走到极端，走到极端就会衰败。他是用这个道理来讽谏齐威王的。威王听完后，说："你讲得好啊！"于是便从此取消了长夜饮酒的事，任命淳于髡为诸侯主客（掌礼仪的官），齐王家族中人设宴，经常让淳于髡参加。

齐威王虽暂时不干长夜之饮的事了，但仍然每天寻欢作乐，不务政事，齐国仍处于内忧外患的险境中，朝中大臣都不敢进谏。对这种局面，淳于髡也是忧心如焚，他深深为自己国家的前途担忧，于是他冥思苦想，用什么办法来进谏威王，使他从纵情享乐中摆脱出来，尽心竭力地处理国事呢？经过一段的思考，办法终于想出来了。

一天，淳于髡请求谒见威王，威王接见了他。在谈了一些生活琐事

齐国大臣期待齐王有所作为

之后,淳于髡对威王说:"咱齐国有只大鸟,落在大王的朝廷中,它不飞又不叫,已经有三年了,大王您可知道这是一只什么样的鸟?"威王听了后,稍稍想了一会儿,说道:"此鸟不飞则已,一飞冲天;不鸣则已,一鸣惊人!"说完他便让淳于髡离开,然后传令让齐国属下的七十多个县的官员都到朝廷来朝见他。各县地方官朝拜毕,威王单独召见即墨县的大夫,对即墨大夫说:"自从你治理即墨以来,每天都有人到我这里告你的状。可是我派人去视察即墨,他回来向我报告说,即墨的荒地都开垦了,即墨的人民丰衣足食,即墨的官员都清正廉洁,办事爽快,使得齐国东部得以安宁。这都说明你平时不贿赂我的亲近臣子来使他们在我面前称颂你,你是个好官啊!"说完,威王便封即墨大夫为万户的长官。接着又召见东阿县大夫,对东阿大夫说:"自从你守卫东阿以来,每天我都听到给你歌功颂德的话。然而我派使臣去巡视东阿,使臣回来向我报告说,东阿的荒地没有开垦,东阿的人民生活很痛苦。从前赵国派兵进攻我国的甄县,你没有派兵去救援,卫国侵占我国的薛邑,你毫无觉察。这些都说明你平日里经常给我亲近的臣子送厚礼来使他们在我面前颂扬你。来人啊,把这个昏官给我烹了!"当天威王还把左右阿谀逢迎的臣子全都烹了,真是大快人心。

齐威王整顿吏治之后,便起兵西征赵国、卫国,还在浊泽战败了魏国的军队,把魏惠王围困起来。魏惠王派遣使臣向齐国献上观县以求和,赵国也把侵占齐国的一段长城归还齐国,于是齐国大治,官吏人人尽职,谁也不敢弄虚作假,文过饰非。其他诸侯国也都敬畏齐国,持续二十多年不敢向齐国侵犯。

齐威王和魏惠王会猎（《春秋五霸七雄通俗演义列国志传》插图）

滑稽列传·淳于髡

淳于髡者，齐之赘婿也[1]。长不满七尺[2]，滑稽多辨[3]，数使诸
_{淳于髡是齐国的一个入赘的女婿，身高不到七尺，滑稽幽默，很有口才，多次出使诸侯国，}
侯，未尝屈辱。齐威王之时喜隐[4]，好为淫乐长夜之饮。沉湎
_{从没有给国家丢过脸。齐威王喜欢听隐语，他当时正夜以继日地沉迷于酒色之中，把国家政事都交给}
不治[5]，委政卿大夫。百官荒乱，诸侯并侵，国且危亡，在于
_{卿大夫去管，结果百官们一个个胡作非为，诸侯各国都趁机来打它，国家的危亡就在跟前了，可是齐}
旦暮，左右莫敢谏。淳于髡说之以隐曰："国中有大鸟，止王
_{王左右的人都不敢解劝。这时淳于髡就用隐语对他说："有一只大鸟，落在国王的院子里，已经三年，}
之庭，三年不飞又不鸣，王知此鸟何也？"王曰："此鸟不飞
_{不飞也不叫，大王您知道这只鸟是怎么回事吗？"齐威王说："这只鸟不飞便罢，一飞冲天；不鸣便}
则已，一飞冲天；不鸣则已，一鸣惊人。"于是乃朝诸县令长
_{罢，一鸣惊人。"说完之后，立刻召集齐国境内各县的县令、县长七十二人都来开会，会上奖励了一}
七十二人，赏一人，诛一人，奋兵而出[6]，诸侯振惊，皆还齐侵
_{个人，杀掉了一个人，接着又发兵出战，吓得各个国家都赶快把侵占去的土地都还给了齐国。从此齐}

---

1. 赘婿：男到女家为夫，在古代备受歧视，等同隶皂。
2. 七尺：以汉尺计，合161厘米，中等个子。
3. 滑（gǔ）稽：摇转注酒器，使酒流不已，引喻为出口成章，辩对敏捷，辞出不穷，说话机智。
4. 喜隐：喜欢隐语。隐语意在言外，如猜谜语。
5. 沉湎不治：迷醉于酒，不问政事。
6. 奋兵：猛然出兵。

大鸟冲天一鸣惊人

地。威行三十六年。

威王称霸三十六年。

威王八年，楚大发兵加齐。齐王使淳于髡之赵请救兵，

齐威王八年（前349年），楚国派大军攻打齐国。齐威王派淳于髡去赵国请求援兵，让

赍金百斤，车马十驷。淳于髡仰天大笑，冠缨索绝。王曰：

他带着黄金百斤、马车十辆做礼物。淳于髡一看哈哈大笑，以至于笑得把帽带都挣断了。齐王说：

"先生少之乎[1]？"髡曰："何敢！"王曰："笑岂有说乎？"

"先生是嫌礼物少吗？"淳于髡说："怎敢嫌少！"齐王说："那你为什么笑呢？"淳于髡说：

髡曰："今者臣从东方来，见道傍有禳田者，操一豚蹄，酒

"刚才我从东面来时，看见路边有个农民在那里祭田地，他左手拿着一只猪蹄，右手拿着一杯酒，

一盂，祝曰：'瓯窭满篝，污邪满车，五谷蕃熟[2]，穰穰满

祝祷说：'请保佑我高坡的收成满筐装，低洼的收成用车拉；五谷丰登，粮食满仓。'我看他

家。'臣见其所持者狭而所欲者奢，故笑之。"于是齐威王

拿出来的祭品虽然不多，但想要的东西却满不少的哩！所以我笑他。"齐威王听罢大悟，于是

乃益赍黄金千镒，白璧十双，车马百驷。髡辞而行，至赵。

给他增添为黄金千镒、白璧十对、车马百辆。淳于髡辞别威王，到了赵国。赵王很快地为淳于

赵王与之精兵十万，革车千乘[3]。楚闻之，夜引兵而去。

髡派出了精兵十万、战车千辆。楚军听到这个消息，连夜就撤兵回去了。

威王大说，置酒后宫，召髡赐之酒。问曰："先生能

齐威王很高兴，在后宫摆了酒宴，请淳于髡喝酒。齐王问他："先生能喝多少酒才醉？"淳

饮几何而醉？"对曰："臣饮一斗亦醉，一石亦醉。"威

于髡回答说："我喝一斗也醉，喝一石也醉。"齐王说："先生喝一斗就醉了，怎么能喝一石呢？其

1　少：嫌弃。
2　五谷：稻、稷、黍、麦、菽。
3　革车：重战车。

王曰:"先生饮一斗而醉,恶能饮一石哉[1]!其说可得闻乎?"髡曰:"赐酒大王之前,执法在傍,御史在后[2],髡恐惧俯伏而饮,不过一斗径醉矣。若亲有严客[3],髡帣韝鞠䠆[4],侍酒于前,时赐余沥[5],奉觞上寿,数起,饮不过二斗径醉矣。若朋友交游,久不相见,卒然相睹[6],欢然道故[7],私情相语,饮可五六斗径醉矣[8]。若乃州闾之会,男女杂坐,行酒稽留[9],六博投壶[10],相引为曹,握手无罚,目眙不禁,前有堕珥[11],后有遗簪,髡窃乐此,饮可

中的道理能说出来听听吗?"淳于髡说:"比如让我在大王面前喝酒,执法的官吏在旁边盯着,负责纠察的御史在背后看着,我战战兢兢地跪在地上喝,这样不用一斗就醉了。再比如家里的长辈来了客人,让我卷着袖子,打躬作揖地在筵前侍候,我不时地给客人敬酒,客人也不时地赏给我点酒吃,这样,用不到二斗我也就醉了。如果老朋友许久不见,突然相遇,高兴地讲讲过去的事情,好好地说说心里话,这样大概就能喝到五六斗。如果是乡里间聚会,男男女女坐在一起,又完全没有时间限制,酒席上又有六博、投壶等各种游戏,大家可以自己找对手,拉拉扯扯没关系,眉目传情也可以,以至于身前有女人掉下的耳环,背后有男人遗落的簪子,我喜欢这种场面,在这种情况下,我喝上八斗醉意也顶多不过有二三分。如果再碰上天色已晚,酒席将散,大家把剩余的酒菜合并在一张桌子上,男

---

1 恶(wū)能:何能,怎么能。
2 执法、御史:此指行酒令之官。
3 亲:父亲。严客:尊敬的父辈客人。
4 帣韝(gōu)鞠䠆(jì):卷起袖子,屈膝而跪。韝,袖。鞠,鞠躬。䠆,同"跽",长跪。
5 余沥:剩下的酒。
6 卒:读"猝"。
7 道故:叙离情。
8 可:大约。
9 稽留:流连。
10 六博、投壶:古代的两种游戏。投壶,以箭投壶,中者为胜,不中者饮酒。
11 珥:耳环。

八斗而醉二参[1]。日暮酒阑[2]，合尊促坐[3]，男女同席，履
男女女挤坐在四周。鞋子混杂，杯盘散乱。如果这时堂上的蜡烛已经烧完，主人又出去送客了，而单
舃交错[4]，杯盘狼藉，堂上烛灭，主人留髡而送客，罗襦
单留下我依然在座，这时女人的上衣已经解开，我能够隐约地闻到她们肌肤的香气，这个时候，我的
襟解，微闻芗泽，当此之时，髡心最欢，能饮一石。故
心中最乐，能够喝一石。所以说，酒喝多了准会出乱子，欢乐到极点就会转悲哀。一切都是如此，什
曰酒极则乱，乐极则悲；万事尽然。言不可极，极之而
么事情都不能过分，过分了就会垮台。"淳于髡是想借着说酒来劝谏齐威王。齐威王心有所悟地说：
衰。"以讽谏焉。齐王曰："善。"乃罢长夜之饮，以髡
"讲得好！"于是立刻改掉了彻夜纵酒的习惯，让淳于髡负责接待各国来往的使节。而且下令，从此
为诸侯主客[5]。宗室置酒，髡尝在侧。
以后齐国不论哪家贵族摆宴，都要请淳于髡去在一旁加以节制监督。

1　醉二参（sān）：也不过只醉了两三分。
2　酒阑：宴会将散。阑，将尽。
3　合尊促坐：把余酒合盛一樽，大家促膝共饮。尊，同"樽"，酒器。
4　履：鞋。舃（xì）：木拖鞋。
5　主客：主持接待诸侯之客的外交事务。

▲ 宋·李用及《神骏图》

贵马岂能得人才

楚庄王熊侣雄才大略，乾纲独断，他说一不二，凝聚了楚国的力量，成为春秋五霸之一。楚庄王很有心计，他知道治好国家要靠忠臣，但忠臣脸上没有刻字，于是他想出一些意想不到的办法来试探大臣，谁忠贞直言，谁阿谀奉承，他了解情况以后，一跃而起，诛了奸臣，重用忠臣，楚国富强。

楚庄王即位之初，一连几年不理朝政，日夜沉湎于酒色，没日没夜左抱郑姬，右抱越女，坐于钟鼓之间，饮酒作乐。他还下了一道命令："有敢谏者死！"并杀了一些犯颜直谏的大臣，后来谁都不敢说话了。

楚庄王还有一癖，他特别爱好千里马。他养了几百匹好马，对其中一匹情有独钟，他舍不得骑坐，成立专门的班子伺候这匹宝马，把它供养起来。楚庄王让养马的人给这匹马穿上绣花缎的衣裳，养在华丽的厅堂中，在马站的地方还搭个台子，台上铺着名贵的席子，给马吃的是果脯……总之，楚庄王对这匹马宠爱有加，甚至超过了对姬妾、越女的感情。

由于这匹骏马总是养在华屋，不但没有驰骋沙场和驾车的机会，甚至也很少被人拉出去遛遛，吃得又好，结果养得肥肥的，四条腿儿几乎都支撑不住肥胖的身躯了，每走一步都要晃三晃。就这样，没过多久，它就因患肥胖病医治无效而死了。

当楚庄王得知宝马死亡的消息后，先是大骂马夫失职，兽医无能，接

楚庄王沉迷酒色

着便捶胸顿足，痛哭不止，如丧考妣。朝中大臣好不容易才把他劝住。庄工止住眼泪，絮絮叨叨说一定要厚葬宝马。楚庄王要求给宝马里棺外椁盛殓，按照大夫的殡葬规格来举行葬礼。

群臣听了，一个个惊得目瞪口呆，天下哪有用葬大夫的礼仪葬马呢？于是便七嘴八舌地向庄王谏净，认为庄王的想法太离谱了，不应该这样葬马。

庄王听了，转悲为怒，大声喝道："就说到这里吧！谁再胆敢为葬马的事对我进谏，我就处死他！"这样，一班明哲保身的臣子就再也不敢冒死进言了。

楚国有个名叫孟的歌手，人们都称他为优孟，他身材魁梧，能言善辩，

贵马岂能得人才 285

口齿伶俐，经常以说笑话的方式对楚王进行讽谏。这天，他正走在宫殿门外的大街上，忽然看见一群文武官员从宫门中出来，一个个边走边摇头叹息。优孟感到有些奇怪，便走向前去，向一位官员问宫中发生了什么事。那个官员先是摇头摆手，示意他不要多管闲事。可优孟拽住他非要打破砂锅问到底。那个官员被迫无奈，只好把庄王要以大夫之礼葬马的事告诉了他，并劝他不要多管闲事，别拿性命开玩笑。

优孟听了，想了一下，忽然眉头一皱，计上心来，他辞别了那个官员，便大步朝宫殿门走去，他走进宫殿，见庄王还气呼呼地坐在宫中。优孟一见庄王，便"哇"的一声大哭起来。庄王见此情景，感到非常奇怪，他还从未见过优孟哭过呢，连忙问："爱卿，你今天不为我唱歌讲笑话，哭什么？"优孟说："我听说大王最心爱的马死了，我也感到万分悲痛。我还听说大王要用大夫的礼仪来葬宝马，这不太委屈了那匹马了吗？凭我们堂堂楚国，要什么没有，我请大王千万别委屈了那匹宝马，要我看，应该用国君葬礼的规格来葬那匹宝马。"

庄王听了，心想，还是优孟理解我的心思，真是个忠臣啊。忙问："用国君葬礼的规格来葬我的爱马，该怎么个做法呢？"

优孟回答说："我请大王给马准备一口雕花的玉石棺材，用有花纹的梓木做外棺，再用楩(pián)木、枫木等上等木材建造安置棺椁的小屋，派一队士兵给挖坟，让百姓们背土。安葬那天，让齐国、赵国的使臣在墓前陪侍，再打发韩国、魏国的使臣在墓后护着。再给宝马建座庙，供奉猪、牛、羊三牲，派一万户人家给马守陵守庙。这样，让列国诸侯全天下的人都知道楚国的国君是多么的爱马，人在楚国是不值钱的。"楚庄王一沉思，觉得优孟说得很有道理，"贵马岂能得人才"，葬马用大夫之礼，人的位置

优孟建议楚王把马煮食

怎么摆。他感到问题严重了,不安地问优孟,说:"爱卿你说说,我的错误有这么严重吗?那你说该怎么葬那匹宝马呢?"优孟说:"不难,请大王像处理一般牲畜一样来葬这匹马。办法是用铜锅当内棺,用炉灶当外棺,把马放进铜锅里,加上水,再放上姜、木兰、枣等调味品,把锅放在炉灶上煮,煮熟后,让人们就着饭,把香喷喷的马肉葬进人的肠胃中吧。"

庄王听后,便命令把死马交给管理宫廷生活的官员,让他照优孟的说法加以埋葬。他真担心他以大夫之礼葬马的消息流传开去,赶紧做出处理。

人腹葬马之后,楚国大臣伍举等人提出劝谏,楚庄王罢长夜之饮,诛奸佞,用忠贤,楚国大治。

滑稽列传·优孟

优孟[1],故楚之乐人也[2],长八尺,多辩,常以谈笑讽谏。
优孟是楚国的乐工,身高八尺,口才很好,经常通过说笑的方式对楚王进行讽谏。楚庄王

楚庄王之时,有所爱马,衣以文绣[3],置之华屋
在世的时候,有一匹心爱的宝马,给它披上华丽的锦缎,把它养在金碧辉煌的房子里,用没有帷

之下[4],席以露床[5],啖以枣脯。马病肥死,使群臣丧
帐的露床给它做卧席,喂的是枣干。结果这匹马因为吃喝太好而肥死了,楚庄王很伤心,叫大臣

之,欲以棺椁大夫礼葬之。左右争之,以为不可。王
们为这匹马办理丧事,要求按大夫的规格用棺椁埋葬。左右的大臣都纷纷劝阻,认为不能这样做,

下令曰:"有敢以马谏者,罪至死!"优孟闻之,入
楚庄王下令说:"在葬马的问题上,谁敢再来劝阻,一律处死!"优孟听说后,立即赶来了,一

殿门,仰天大哭。王惊而问其故。优孟曰:"马者王
进殿门便放声大哭。楚王奇怪地问他为什么。优孟说:"这匹马是大王最喜爱的了,凭着我们堂

之所爱也,以楚国堂堂之大,何求不得,而以大夫
堂的这样一个国家,要什么没有?闹了半天才只用一个大夫的礼仪来埋葬它,太可怜了,我希望

礼葬之,薄,请以人君礼葬之。"王曰:"何如?"对
大王用埋葬国君的礼仪来埋葬它。"楚王问:"那是怎样一种葬法呢?"优孟说:"用雕刻着花

---

1 优孟:优伶名孟。
2 乐人:奏乐之人。
3 文绣:锦缎衣。
4 华屋:雕梁画栋之屋。
5 露床:没有帷帐的床。

曰："臣请以雕玉为棺，文梓为椁，楩、枫、豫章为题
纹的白玉给它做棺材，用有漂亮花纹的梓木给它做外椁，再用楩、枫、豫樟等高级檩条给它做题凑，
凑[1]，发甲卒为穿圹[2]，老弱负土，齐赵陪位于前，韩魏
调集大批的士兵给它挖坟坑，叫老人小孩都来背土修陵，让齐国、赵国的使节陪立在前，让韩国、
翼卫其后[3]，庙食太牢[4]，奉以万户之邑。诸侯闻之，皆
魏国的使节护卫在后，还要为它建造庙堂，享有太牢的祭祀，再划出万户的地区给它做俸邑。这
知大王贱人而贵马也。"王曰："寡人之过一至此乎！
样好让各国的君臣都知道大王是多么爱马，而又是多么拿人不当人！"楚王歉疚地说："我的过
为之奈何？"优孟曰："请为大王六畜葬之[5]。以垅灶
失竟达到这样严重的地步了！那现在怎么办呢？"优孟说："我可以替大王用对待六畜的办法来
为椁[6]，铜历为棺[7]，赍以姜枣，荐以木兰，祭以粮稻，
埋葬它。让土灶给它做外椁，让铜锅给它做内棺，用姜枣为佐料，再放进一点木兰，用粳米给它
衣以火光，葬之于人腹肠。"于是王乃使以马属太
做祭品，用大火给它当衣裳，最后把它埋葬在人的肚子里。"于是楚庄王立即派人把死马送到了
官[8]，无令天下久闻也。
厨房，并叫大家以后不要再提这件事，以避免天下的人都知道。

1 楩、枫、豫章：皆木名。题凑：棺的两头。
2 穿圹：挖墓穴。
3 韩魏翼卫其后：当时无韩、魏，此为后人增饰之词。
4 庙食太牢：为死马建立庙宇，享以太牢之礼。牛、羊、豕三牲俱谓之太牢。
5 六畜：马、牛、羊、鸡、豕、犬。
6 垅灶：土灶。
7 铜历：铜锅。
8 太官：主天子饮食之官。

优旃大呼陛楯郎

在秦始皇的宫中有一群侏儒,他们是宫廷伎乐队的丑角演员。其中一位叫优旃。旃是艺名,优是指其职业。伎乐艺人称为优,俗称戏子,就是唱戏的。优旃,就是一个名叫旃的唱戏人,他的真实姓名没有记载下来。这个优旃,喜欢说笑话,幽默风趣,秦始皇、秦二世都喜欢听他讲笑话。优旃心地善良,他利用自己善于表演的特长,不失时机地讲一些讽喻现实的幽默故事,让专制皇帝思想开窍,办了一些好事。司马迁为此给优旃写了传,称赞他讲的笑话"合于大道"。优旃大呼陛楯郎就是"合于大道"的一个故事。

秦法严酷,成了定规,没有秦始皇发话,谁也不能改变。宫廷警卫值班,站在没有遮盖的屋檐下,姿势端正笔立,一站就是半天,风雨日晒都是这样,极为辛苦。

九月深秋,凉风飒飒。一天,秦始皇在大殿中设宴招待文武百官。刚刚开宴,忽然风起云涌,不一会儿,天降大雨。这时,殿中温暖如春,可在殿外台阶旁手持盾牌负责警卫的卫士们,都被雨淋湿了衣服,凉风一吹,冻得他们浑身战栗。坐在殿里的优旃见此情景,内心十分同情他们,于是他悄悄地离开座位,慢慢走近卫士,亲切地对他们说:"你们想休息一下吗?"卫士们异口同声地答道:"我们太希望休息一下了。"优旃说:"如果我在殿上叫你们,你们便马上回答说:'嗯!'"卫士们都点头答应。过了一会儿，殿上群臣给秦始皇敬酒，"万岁"之声不绝于耳。这时，优旃连忙起身来到栏杆前，大声喊道："台阶上的执盾卫士们！"卫士们立即齐声答道："嗯！"优旃又大声说："你们虽然生得身材魁梧，有什么好处呢？只是有幸在雨中站着。我虽然长得矮小，却有幸在这里休息！"正在饮酒的秦始皇，听到优旃的喊声，再看看在风雨中瑟瑟发抖的卫士，他想了想，便下命令道："下边的卫士们，你们分成两班，轮流侍卫！"卫士们听了，满心欢喜，于是便有一半人下去休息了。

从此，秦朝宫廷警卫值班有了当班轮换办法，成了新的规矩，警卫们有了一半的休息时间，他们十分感激优旃。

又一日，穷奢极侈的秦始皇对朝中大臣说，他要扩大上林苑的规模，把咸阳周围六百里的范围都划为上林苑做猎场。这一来，整个关中平原都

秦朝宫廷警卫有了休息制度

变成了打猎场，成千上万的老百姓将被从土地上赶走，一幅凄惨的景象将降落在天子辇下的京都大地上。众大臣面面相觑，谁也不敢提异议。这时优旃站了出来，跪拜庆贺。优旃说：

"好啊！陛下说得对，陛下的苑囿确实太小了，其中的飞禽野兽不多。如果把苑囿扩大了，再多养些禽兽，不但陛下打猎会猎取更多的野物，就是敌人从东方来进犯时，还可以让鹿等野兽用角去顶他们呢。"

秦始皇一听，便意识到优旃说的话是在讽谏自己，堂堂京师，怎么能变成无人居住的猎场呢？这真是太荒唐了，秦始皇在内心里也不免暗自好笑。秦始皇要维护自己的尊严，表面上呵斥优旃，内心已经决定不扩大上林苑。秦始皇说："优旃，又在胡说，还不退去。"接着说："众爱卿退朝，下次再商议。"从此秦始皇再不提起这件事情，也就不了了之了。

滑稽列传·优旃

优旃者，秦倡侏儒也。善为笑言，然合于大道。秦始
<small>优旃是个侏儒，在秦国宫廷里当俳优，他擅长谈笑，而且话常说得合乎大道。有一次，秦始皇举行</small>
皇时，置酒而天雨，陛楯者皆沾寒。优旃见而哀之，谓之
<small>宴会时，天下着大雨，在台阶上站岗的士兵们都冻得浑身发抖。优旃看他们很可怜，就问他们说："你们</small>
曰："汝欲休乎？"陛楯者皆曰："幸甚。"优旃曰："我即呼
<small>想下去休息一会儿吗？"士兵们说："如果能那样就太好了！"优旃说："等一下我喊你们，你们就马上答应。"</small>
汝，汝疾应曰诺。"居有顷，殿上上寿呼万岁。优旃临槛大
<small>过了一会儿，殿上的大臣们向秦始皇敬酒，高呼万岁。这时优旃就在栏杆上向下面大声喊道："卫兵！"</small>
呼曰："陛楯郎！"郎曰："诺。"优旃曰："汝虽长，何益，
<small>站岗的士兵们立即答应道："有！"优旃说："你虽然长得高高大大，但那有什么用？你们只好在雨中浇着。</small>
幸雨立。我虽短也，幸休居"于是始皇使陛楯者得半相代[1]。
<small>我虽个头矮小，却能在屋里休息！"秦始皇一听，马上让士兵们一半人站岗，一半人休息，互相轮换。</small>
始皇尝议欲大苑囿[2]，东至函谷关，西至雍、陈仓[3]。优旃
<small>又一次，秦始皇想把猎场扩大到东至函谷关，西至雍县和陈仓。这时优旃顺口接道："这主意很好，</small>
曰："善。多纵禽兽于其中，寇从东方来，令麋鹿触之足矣。"
<small>多在里面养些野兽，如果有敌人从东边打来，让麋鹿去顶他们就行了！"秦始皇听后一笑，随即停止了</small>
始皇以故辍止。
<small>扩大猎场的计划。</small>

1　半相代：轮换值勤，一半值班，一半休息。
2　大苑囿：扩大上林苑。
3　雍：今陕西省宝鸡市凤翔区。陈仓：在今陕西省宝鸡市，指秦始皇欲以整个关中为苑囿。

▲ 南宋·佚名《宫苑图页》

漆城荡荡寇不能上

秦二世愚钝顽劣而又刚愎自用,有一天他异想天开想给咸阳城上漆。他召来文武大臣,让朝臣们拿出一个实施办法来。当时陈涉发动的农民起义,如燎原大火在山东猛烈地燃烧起来。陈王将周章攻入函谷关,进兵到京郊戏水,刚刚被秦将章邯击退。秦二世就忘乎所以,要油漆咸阳来庆功。众大臣哭笑不得,谁也没有吭声。秦二世见大臣不发言,他耐不住

愚顽的秦二世

性子，正要发作，这时班部中闪出了侏儒优旃，向秦二世祝贺。只见优旃不紧不慢，一板一眼地说："陛下，你的主意太好了。即使陛下不说，我也要上奏章的。给城墙涂漆虽然劳民伤财，可这却是件大好事啊！想想看，把城墙漆得平荡荡的，又亮又滑，敌兵来攻城，谁也登不上城墙，他们一辈子也别想攻进城来。但我又想，给一般家具器皿涂上漆，都要放入屋子里阴干，如果在太阳光下曝晒，那涂上的漆就会裂开脱落。不知陛下把城墙都涂上漆后，放到哪间屋子里去阴干？"

秦二世一听，心想，是呀，用什么办法去把城上的漆阴干呢？这时他苦笑了一下，从此再也不提漆城的事了。不久他被赵高杀死，凶暴的秦王朝终于被农民起义的烈火烧毁了。

汉朝建立，优旃还活了几年才死去。

滑稽列传·优旃

二世立，又欲漆其城。优旃曰："善！主上虽无言，臣
_{秦二世即位后，又别出心裁地想油漆咸阳的城墙。优旃说："好极了！即使陛下不提，我也正想}
固将请之。漆城虽于百姓愁费，然佳哉！漆城荡荡[1]，寇来不
_{提这事。油漆城墙虽然浪费一点老百姓的钱财，但这么做确实好！城墙油光光，敌人来了爬不上。看来}
能上。即欲就之，易为漆耳，顾难为阴室。"于是二世笑之，
_{漆一遍倒是不难，但是找一个晾干它的棚子可就麻烦了。"秦二世一听也笑了。油漆城墙的事情也因此}
以其故止。居无何，二世杀死，优旃归汉，数年而卒。
_{作罢。没有多久，秦二世被人所杀，优旃遂归了汉朝，又过了几年才死去。}

---

[1] 荡荡：光亮的样子。